AVIÃO
viaje sem medo

ELVIRA GROSS

AVIÃO
viaje sem medo

ENTENDA, DOMINE
E SUPERE O MEDO DE VOAR

2ª edição
Fevereiro de 2010

São Paulo
2009

EDITORA
ALAÚDE

1ª edição em julho de 2009 - Impresso no Brasil

Publisher: Antonio Cestaro
Editora: Alessandra J. Gelman Ruiz
Capa e projeto gráfico: Walter Cesar Godoy
Consultoria técnica: Airton Borghi e Danilo Marcondes de Andrade
Impressão e acabamento: Ipsis Gráfica e Editora S/A

Dados Internacionais de Catalogação na Publicação (CIP)
(Câmara Brasileira do Livro, SP, Brasil)

Gross, Elvira
Avião : viaje sem medo : entenda, domine e supere o medo de voar / Elvira Gross. -- São Paulo : Alaúde Editorial, 2009.

1. Medo de voar I. Título.

09-06004 CDD-152.46

Índices para catálogo sistemático:
1. Medo de voar em avião : Psicologia 152.46

ISBN 978-85-7881-017-7

Rua Hildebrando Thomaz de Carvalho, 60
CEP 04012-120 - São Paulo - SP – Brasil
Fone:(11) 5572-9474 / 5579-6757
www.alaude.com.br
alaude@alaude.com.br

O rio atinge seus objetivos, porque aprendeu a contornar obstáculos.
Lao Tsé

Onde existe uma vontade, existe um caminho.
Bernard Shaw

Quem sabe dominar seus pensamentos sabe governar sua vida.
R.W. Trine

Devemos caminhar na direção do nosso maior temor;
aí está nossa única esperança.
Herman Hesse

A Waldomiro, Bernardo e Eduardo, pelo carinho e compreensão enquanto eu escrevia este livro

Agradecimentos

Sou muito grata ao comandante da *Gol Linhas Aéreas Inteligentes*, Airton Borghi, *gerente de Safety*, e a Danilo Marcondes de Andrade, copiloto da mesma companhia, que muito contribuíram, enriquecendo este livro com informações técnicas sobre o funcionamento do avião.

Agradeço aos meus pacientes que, por muitos anos, compartilharam comigo seus conhecimentos, experiências e depoimentos, alguns descritos nesta obra.

Minha gratidão vai também aos meus amigos e familiares, que me deram muito apoio e incentivo para escrever este livro.

Sumário

Introdução

O simples fechamento das portas do avião e os preparativos para a decolagem fazem o coração acelerar. Os músculos do corpo todo se enrijecem e o suor escorre das mãos. O nervosismo, que se iniciou lá atrás, com a simples perspectiva da viagem, vem crescendo a cada etapa: a compra do bilhete, a arrumação das malas, a ida ao aeroporto, o *check-in*. O desconforto atinge o máximo na decolagem. A sensação não passa, mas persiste por toda a viagem, até que se esteja fora da aeronave.

Se essa cena lhe é familiar, não se preocupe. Você não está só. Ao redor de 40% das pessoas têm medo de avião, mas acabam enfrentando o medo por necessidades profissionais ou particulares. Porém, uma parcela menor da população não consegue nem mesmo entrar no avião. Para reduzir a ansiedade, recorrem a tudo: simpatias, rezas, calmantes... Muitos apostam no uísque para se acalmar. Quem precisa viajar repetidamente, por necessidade profissional, por exemplo, costuma sofrer também com os efeitos colaterais dos remédios e do álcool, que somente amenizam os sintomas, mas não resolvem o problema. Algumas pessoas podem ainda ficar violentas e inconvenientes sob o efeito da combinação de bebida, remédio e medo.

Depois de algum desastre aéreo, é comum que pessoas que nunca tiveram medo de voar desenvolvam algum tipo de receio, temor e tensão. Acidentes aéreos, mesmo não ocorrendo com frequência, aumentam a desconfiança de voar e podem gerar fobias graves.

Algumas estimativas mostram que quase metade dos brasileiros tem medo de voar. O índice não é muito diferente em todo o mundo, sendo um pouco menor nos países desenvolvidos. O presidente Lula, na ocasião da posse do ministro da defesa Nelson Jobim, declarou em seu discurso: "Sou um medroso para andar de avião. Toda vez que o avião fecha a porta, entrego minha sorte a Deus".

Este livro nasceu depois que fiz uma constatação: a maioria das pessoas desconhece que medo de avião tem cura, e com grande índice de sucesso (assim como outras fobias).

Para tratar da cura do medo de avião, precisamos diferenciar as várias gradações do medo, partindo do medo normal e indo até o medo patológico. Isso é feito determinando-se até que ponto a fobia interfere na vida cotidiana, inclusive na capacidade de trabalho e na manutenção de relacionamentos. O avião dispara nas pessoas que têm medo de voar, as chamadas *aerofóbicas*, uma cadeia de pensamentos distorcidos, seguida de reações físicas ruins. Precisamos reverter os processos mentais para o medo desaparecer. Partimos do princípio que a fobia é um medo aprendido, e a melhor forma de controlá-lo é fazendo com que o aerofóbico "desaprenda" a sentir medo. Por isso, nestas páginas, ensino como diferenciar o medo racional do medo infundado. Apresento informações e estatísticas que comprovam a segurança do transporte aéreo, além de técnicas de relaxamento e respiração para que se possa controlar a ansiedade durante o voo.

O avião causa um enorme fascínio no homem, um misto de euforia e inquietude, o que não acontece com outros meios de locomoção. Voar não é meio de transporte natural para o homem, e talvez por isso produza uma sensação de insegurança e medo. Voar vai contra os instintos básicos e primitivos da espécie humana. Por esse motivo, podemos considerar o medo de voar perfeitamente natural. Imaginar-se caindo é um dos maiores medos do ser humano. O homem foi feito pela natureza para andar com os pés no chão, e há pouquíssimo tempo passou a voar em decorrência do desenvolvimento tecnológico. Não houve tempo para que a natureza adaptasse o homem para isso. Talvez seja por isso que o aerofóbico sinta tanto medo, apesar de todas as estatísticas demonstrarem a altíssima taxa de sucesso dos voos. Nos acidentes de carro ocorridos no último carnaval certamente morreram mais pessoas que no principal acidente da aviação brasileira. Enquanto os acidentes de carro passam quase despercebidos, os acidentes aéreos são hoje um assunto exaustivamente reportado na mídia nacional e até internacional.

Uma boa parte das pessoas que procuram meu consultório o faz persuadida por familiares, empregadores e amigos, interessados em que elas consigam voar de avião. Em muitas famílias, o medo de um dos cônjuges atrapalha os sonhos de uma viagem para o exterior. A grande maioria dos que procuram ajuda é composta por executivos que realmente dependem das viagens aéreas para desempenhar suas funções. Uma boa parte deles não sentia medo inicialmente, e desenvolveu a fobia depois de muitas viagens.

Um dos pontos que os pacientes mais relatam é o medo da turbulência. Durante os momentos de turbulência, é comum os pacientes ficarem prestando atenção aos comissários para ver se estão relaxados ou tensos. Para outros, a claustrofobia é preponderante. Já tive até um caso de um paciente que tentou abrir a porta do avião durante o voo e teve de ser dominado e sedado pelos comissários. No Brasil, depois de três acidentes graves e de diversos problemas administrativos no tráfego aéreo, desencadeou-se uma onda de medo coletivo, que transformou o embarque em um momento de angústia, com as pessoas falando umas para as outras que andar de avião é perigoso.

Coloquei nesta obra as informações necessárias para mostrar que, ao superar o medo de voar, a pessoa passa a viver de forma muito mais intensa, sem desperdiçar oportunidades. Se eu conseguir demonstrar que existe a possibilidade de cura para essa fobia tão disseminada, já terei atingido meu objetivo.

Capítulo 1

Por que temos medo?

"Um dos efeitos do medo é perturbar os sentidos e fazer com que as coisas não pareçam o que são."
Miguel de Cervantes, em Don Quixote de La Mancha

Imagine-se assistindo TV sozinho em casa. De repente, ouve um barulho. Sua respiração acelera imediatamente, seu coração dispara, seus músculos enrijecem e, um segundo depois, você percebe que não há nenhum problema grave: é apenas o vento que bateu a porta. Durante aquele momento, você reage exatamente como se sua vida estivesse por um fio. É uma reação intensa. O medo prepara nosso corpo para o desconhecido e some rapidamente quando a situação se torna conhecida. O medo é uma emoção involuntária que aparece quando percebemos que estamos em perigo, ou pensamos que algo de ruim está para acontecer. O medo é sentido a partir da produção de adrenalina em nosso cérebro. Com ou sem ameaça real, o processo todo é deflagrado por nossa percepção.

O medo representa um obstáculo aos nossos objetivos de vida. Se pensarmos no assunto e observarmos o que nos motiva e o que nos desmotiva, é fácil perceber quanto o medo influencia nossa vida. Convivemos com um paradoxo: tememos as mudanças e o desconhecido e, ao mesmo tempo, não queremos ficar parados. Temos medo de falhar e também temos muito medo do sucesso. Temos medo de morrer e receio de viver. Temos medo de multidões e não suportamos a solidão.

Como é impossível eliminar o medo de nossa vida, temos de desenvolver uma forma de controle sobre ele. O medo pode ser vencido por intermédio de um processo educativo. Isso é, de certa forma, um alívio para quem pensava que não havia cura para o problema. Não podemos eliminar nossos medos e emoções, mas podemos, sim, mudar nossa percepção. É assim que este livro pode ajudar: educando as pessoas para que possam identificar uma situação realmente perigosa. Ao aprender sobre como o corpo reage ao desconhecido, você se torna mais apto e confiante para lidar com essas situações. Com isso, o medo tende a diminuir naturalmente. Para começar, vamos aprender mais sobre o que é e como se manifesta o medo.

Quando meus pacientes começam a relatar seus medos – medo de avião, medo de elevador, medo de dirigir, medo de passar na ponte, medo de ficar fechado, medo de altura e outros medos –, costumo dizer que o medo é maravilhoso e necessário, o que causa certo espanto! Digo isso porque, se não tivéssemos medo, estaríamos todos mortos.

O medo é o grande responsável pela preservação das espécies no planeta. Ter medo e cautela significa não se expor a riscos desnecessários. O medo está presente e atuante em toda a natureza, e ensina todos os animais quando é hora de fugir, de recuar, de desistir, de negociar, de ceder, etc. Sem o medo, os seres humanos iriam se expor muito mais aos riscos de andar em alta velocidade, iriam ser muito mais atacados por insetos e animais venenosos, e se exporiam a doenças contagiosas. Seja na natureza ou na civilização, o medo tem por objetivo promover e proteger a sobrevivência.

No século XIX, criou-se uma polêmica a respeito do que seria a "face do medo". Por que as pessoas arregalam os olhos e abrem a boca quando estão aterrorizadas? Os religiosos diziam que Deus deu a todas as pessoas uma maneira de se expressar, mesmo sem falar qualquer palavra. Para Darwin, ela era o resultado de um enrijecimento instintivo dos músculos disparado pelo medo e, para testar sua hipótese, aproximou-se o máximo possível do vidro de uma jaula de répteis, enquanto uma víbora tentava atacá-lo pelo outro lado. Ele não conseguiu refrear a expressão de medo em nenhuma das tentativas, e, em todas elas, ele pulou para trás. Ele escreveu em seu diário: "Minha força de vontade e razão estavam impotentes contra a imaginação de um perigo pelo qual jamais havia passado". A conclusão que chegou foi que a reação ao medo é um instinto ancestral que permanece ainda intocado.

Nas cidades modernas, não precisamos mais lutar contra animais selvagens para defender nossa vida, mas o medo continua servindo ao mesmo propósito. Agora carregamos carteiras e andamos pelas ruas da cidade. A decisão de usar ou não aquele atalho deserto à meia-noite é baseada em um medo racional que promove nossa sobrevivência. O que mudou foram os estímulos, mas o medo ainda serve para nos proteger da mesma maneira que nos protegia antigamente.

A última epidemia de peste bubônica ocorreu há centenas de anos, na Idade Média. Apesar de nenhum de nós, nem nossos antepassados recentes, terem vivenciado a epidemia, o terror de ratos ainda persiste para muitas pessoas. Graças à imaginação, o ser humano pode desenvolver fortes emoções frente a um estímulo nunca vivenciado antes. Não precisamos passar por um acidente de avião para nos agarrarmos à poltrona na hora da decolagem. A antecipação de um estímulo de medo pode provocar a mesma reação que a situação real.

O medo pode ser uma ferramenta para nosso bem-estar. Na verdade, a sensação do medo deveria fazer bem a todos, mas há casos em que a sensação do medo ganha a conotação de mal-estar e até mesmo é sinônimo de sofrimento e dor. Mas, de uma forma geral, o medo é producente; afinal, ele faz parte das emoções primárias ou inatas. Vivendo sem medo, com absoluta falta de temor, o homem não poderia se manter alerta, nem reagir às adversidades, ou seja, não perceberia a representação do perigo, o que de fato o colocaria em graves situações de risco, deixando-o numa condição de extrema dependência e em profundo estado de passividade, sem poder de reação, a mercê das circunstâncias.

O medo provoca uma gama de reações que variam de pessoa para pessoa, e de situação para situação. Para uma pessoa com medo excessivo, mesmo não existindo risco objetivo, a aflição é muito grande. A preocupação imaginária ou excessiva gera a ansiedade, que por sua vez vem acompanhada dos vários sintomas físicos do medo, como tensão muscular, espasmos e tremores, inquietação, fadiga, falta de ar, taquicardia, sudorese, secura da boca, tontura, náusea, diarreia, ondas de calor e arrepios de frio, micção frequente, dificuldade para engolir, nervosismo, dificuldade para se concentrar, insônia e irritabilidade. Com certeza você está familiarizado com alguns desses. Eles são fruto de uma reação natural, desenvolvida durante a evolução, para preparar o corpo para lutar ou fugir em resposta a uma ameaça aparente.

Os tipos de medo

A fobia de voar compreende, na realidade, vários medos: medo de o avião cair, claustrofobia, medo de altura, medo de passar mal dentro do avião, etc. O que agrava o medo, a ansiedade e a tensão é o fato de as pessoas terem de confiar suas vidas a alguém desconhecido, o piloto, não podendo exercer controle sobre ele ou sobre a máquina em si. Surge um sentimento de impotência, num ambiente estranho, a uma grande altitude. Vamos analisar a seguir alguns diferentes tipos de medos.

Medo de perder algo

Esse é o temor mais básico do ser humano e inclui o medo da morte, a separação definitiva. Todos nós tememos a solidão e a vulnerabilidade associada a ela. Temos nossas famílias com que nos preocupar. Quando vamos voar, temos medo de que algo possa nos acontecer e prejudicar a nós mesmos e a nossa família. Temos medo de nunca mais vê-la novamente. Com a idade, vamos nos tornando cada vez mais conscientes de como a vida é frágil. Por isso, alguns medos aparecem somente quando ficamos mais velhos. Ao embarcar crianças, podemos até chegar a pensar no seu futuro brilhante e sentir que é irresponsável e cruel colocá-las em um avião.

Medo do desconhecido

Esse tipo de medo acompanha toda mudança ou a vivência de novas situações, inclusive voar. Para diminuir esse tipo de medo, você precisa obter informações sobre o que é ainda desconhecido e as situações com que vai ter de lidar no futuro.

Medo de cair e medo de altura

Esse é um temor natural para proteger-nos de acidentes. Já nascemos com dois medos básicos: medo de ruídos e medo de altura. Contudo, sentir um intenso medo de altura enquanto nos encontramos no interior de um ambiente seguro, como um elevador ou um avião, deixa de ser uma reação normal. Além disso, quase todas as pessoas relatam não sentir qualquer sensação de altura dentro de um elevador ou de um avião. Muitas vezes, pessoas ficam imaginando como seria estar dentro de um avião no momento em que ele está caindo. Nesse caso, é a imaginação que está conduzindo a pessoa ao medo. Esse é exatamente o momento para identificar o pensamento, parar e alterar seu padrão. A acrofobia é o medo irracional de lugares altos. As pessoas que sofrem de acrofobia podem acabar se habituando, e perdem o medo de alguns lugares altos em particular. Contudo, o medo voltará em outro lugar alto diferente. Uma quantidade surpreendente de alpinistas tem acessos intermitentes de acrofobia. A acrofobia pode ser perigosa, pois pode causar ataques de pânico grandes, impedindo a pessoa de vislumbrar como sair. Alguns indivíduos em crise sentem urgência de sair de alguns lugares altos, às vezes de forma suicida. Curiosamente, não existe uma correlação direta entre a acrofobia e a aerofobia. Isso ocorre talvez porque, enquanto se está voando, não há conexão visual com o solo. Há pilotos que sofrem de acrofobia e conseguem exercer sua profissão normalmente, embora o medo possa emergir subitamente quando uma conexão com o solo é feita, como, por exemplo, ao voar próximo a edifícios altos ou falésias.

Medo de ficar fechado (claustrofobia)

A claustrofobia é um medo exagerado ou uma aversão a locais fechados, como elevadores, trens, aviões e outros. Ela também pode ocorrer quando a pessoa está no meio de uma multidão. É comum a claustrofobia aparecer acompanhada da agorafobia, que é o medo de estar em um lugar lotado de pessoas, do qual o indivíduo não pode sair facilmente. Normalmente, a claustrofobia precede o desencadeamento de uma crise de pânico. As sensações partem do nível psíquico e chegam ao físico. O ambiente parece ficar cada vez menor, o teto parece descer, as paredes parecem se fechar. As pernas e mãos tremem, o suor começa a escorrer, e o coração mais parece uma bomba prestes a explodir. A boca fica seca, e todos os sintomas de um transtorno de pânico podem estar presentes. Essa angústia é muito comum e não faz distinção entre raça, sexo, idade ou classe social. Um medo sem razão invade a mente dessas pessoas, que normalmente sofrem de uma ansiedade exacerbada. Mesmo estar apenas durante alguns segundos diante de um contexto claustrofóbico já é suficiente para desencadear um complexo de sintomas. As pessoas passam a evitar essas situações, consideradas de risco. É difícil avaliar as causas desse problema, pois elas podem ser múltiplas. Segundo alguns pesquisadores, aqueles que sofrem de qualquer tipo de ansiedade têm uma tendência maior a apresentar esse distúrbio. Esses pacientes podem sofrer de depressão em locais isolados ou fechados, e por isso tendem a procurar lugares em que se sintam mais seguros. Outro problema para essas pessoas é controlar a sensação de estar cercado, preso, e não ter um percurso fácil para escapar. Os portadores de claustrofobia se preocupam também com a disponibilidade de ar fresco. Nesse quesito em particular, os aviões possuem uma ventilação muito superior a qualquer outro local, porque, inclusive, voam acima da poluição. Um momento crítico é quando as portas do avião são fechadas e a pessoa passa a se sentir presa. As técnicas de respiração e relaxamento, que serão apresentadas adiante, podem ajudar muito nesse momento para superar a ansiedade. Como a claustrofobia é uma resposta aprendida, também é possível aprender a superá-la.

Medo de não estar no controle

Gostamos de nos sentir no controle de tudo em nossa vida. Fazemos exercícios e controlamos nossa dieta para poder também controlar nossa saúde. Construímos cercas e muros em torno de nossas propriedades para controlar nosso espaço. Queremos sempre estar no controle, mas, quando chegamos a um avião, temos de nos submeter, sentar na poltrona e nos manter naquele lugar. Nesse momento, a mente pergunta: quem está dirigindo esta coisa? Será que ele sabe o que está fazendo?

Medo de barulho estranho

Muitas pessoas que têm medo de voar também possuem uma imaginação muito criativa. Ao ouvir os ruídos normais emitidos pelas turbinas e por diversos outros componentes do avião, algumas pessoas podem começar a imaginar que algo está errado com ele. É comum essas pessoas começarem a acreditar em premonições de que o avião vai cair, como, por exemplo, se tiverem um sonho ou ouvirem uma determinada música.

Medo de ter medo

Envolve uma reação súbita, intensa, que provoca sentimentos de terror e medo. Um ataque de pânico aumenta em gravidade até que cessa, geralmente após dez minutos. Pessoas que sofrem de ansiedade geralmente desenvolvem esse forte temor sobre quando e onde seu próximo ataque vai ocorrer, e acabam restringindo a própria atividade. Ataques de pânico ocorrem frequentemente como resultado de um período de intensa preocupação, estresse ou mudança de estilo de vida. Muitas vezes, as pessoas têm mais medo da própria crise de pânico do que de eventos específicos. Por exemplo, o medo não é de que o avião irá falhar, mas de ter um ataque de pânico dentro do avião e não poder buscar ajuda.

Medo de que algo ruim pode acontecer

A ansiedade afeta pessoas que têm medos ou preocupações recorrentes, como as relacionadas à saúde ou finanças. Elas convivem com uma persistente expectativa de que algo ruim está para acontecer. As pessoas ansiosas têm dificuldade em controlar suas preocupações, o que pode resultar em irritabilidade, tensão muscular, perturbação do sono, fadiga, inquietação e dificuldade de concentração. Todo mundo fica preocupado vez ou outra, mas, se uma pessoa permanece preocupada o tempo todo, ou sempre esperando que o pior pode acontecer, terá muito mais dificuldade de relaxar.

Trauma

Pode ser causado por um acontecimento marcante que tenha afetado fortemente o aspecto físico ou emocional, como uma forte turbulência, a necessidade de arremetida da aeronave, etc. Quem enfrenta um evento assustador, percebendo que está em grande perigo naquele momento, pode acabar desenvolvendo uma ansiedade duradoura.

Tipos de medos de voar

A fundação Valk, de Amsterdã, uma organização criada pela Universidade de Leiden, pela empresa aérea KLM e pela administração do aeroporto de Amsterdã, descobriu em suas pesquisas que as pessoas que têm medo de voar pertencem a quatro grupos:

Grupo 1 - O grupo em que predominam homens com cerca de 35 anos, e que concentram seus temores no fato de não estarem no controle do avião e de algo sair errado.

Grupo 2 - O grupo que é acometido de "medos sociais" e é composto por mulheres com menos de 35 anos. No rol de suas preocupações estão as outras pessoas e a possibilidade de acontecerem eventos como sequestro ou roubo. Essas pessoas temem também perder o controle durante o voo e começar a gritar histericamente.

Grupo 3 - Grupo formado por mulheres entre 32 e 54 anos, que tendem a ter claustrofobia (medo de espaços fechados). O que dá mais pavor a este grupo é o fechamento das portas do avião e o fato de não poderem sair. Este grupo é o mais propenso a ter ataques de pânico.

Grupo 4 - Grupo que possui mais especificamente o medo de voar e é formado por pessoas com mais de 54 anos, principalmente homens, que combinam medo de voar com a necessidade de estar no controle do avião. Este grupo é mais propenso a evitar voar. As pessoas mais velhas são as que têm mais medo de altura.

Van Gerwen, da Valk, diz que não sabe por que pessoas diferentes temem diferentes aspectos do voo, mas que essas descobertas ajudam a melhorar o tratamento para o medo de voar.

A química do medo

O cérebro é um órgão extremamente complexo. Mais de cem bilhões de células nervosas compõem uma intrincada rede de comunicações, que é o ponto de partida para tudo o que sentimos, pensamos ou fazemos. Algumas dessas comunicações levam ao pensamento e à ação consciente, ao passo que outras produzem respostas automáticas. A resposta ao medo é quase inteiramente automática: não a disparamos conscientemente. Como as células do cérebro estão constantemente transferindo informações e iniciando respostas, há inúmeras áreas do cérebro envolvidas no sentimento de medo.

O medo provoca uma reação em cadeia no cérebro que tem início com um estímulo de estresse e termina com a liberação de substâncias químicas que causam aumento da frequência cardíaca, aceleração na respiração e enrijecimento dos músculos. É uma cascata bioquímica que prepara o corpo para lutar ou fugir. O processo de criação do medo começa com um estímulo que provoca susto ou pavor, e termina com duas possíveis reações: fuga ou luta. Esse mecanismo é totalmente inconsciente. Existem dois caminhos simultâneos por onde a informação segue no cérebro durante a reação de medo: o caminho baixo e o caminho alto. O caminho baixo é rápido e desordenado, enquanto o caminho alto leva mais tempo e gera uma interpretação mais precisa dos fatos.

O caminho baixo sempre procura evitar o risco imediato, sem muita análise. Se você ouvir um barulho que poderia ser de um assaltante tentando entrar na sua casa, ou então ser simplesmente o vento, o caminho baixo deduz logo de cara que é o ladrão e que existe risco, preparando seu corpo para uma reação de luta ou fuga. O caminho baixo é do tipo que "atira primeiro e pergunta depois", antes mesmo de interpretar o estímulo do barulho. O caminho alto é mais ponderado. Ele procura avaliar as opções antes de deduzir se é um ladrão ou o vento. Quando a pessoa recebe o estímulo do barulho, o cérebro verifica se você já passou por essa situação específica antes, e o que ela significou naquela ocasião. Ele analisa: que outras informações podem indicar se isso é um ladrão ou o vento? Levando em consideração todas as informações, ele conclui que o barulho foi causado pelo vento, e envia uma mensagem para a amídala cerebral informando que não há perigo. As amídalas cerebrais avisam então ao hipotálamo, que fica no centro do cérebro, para desligar a reação de luta ou fuga.

As amídalas cerebrais são as estruturas responsáveis por iniciar a reação a estímulos amedrontadores (não confundir com as amídalas da garganta!). Elas são duas e estão localizadas cada uma em um hemisfério cerebral, na altura das têmporas. Seu funcionamento é o seguinte: as amídalas enviam um sinal a outro centro cerebral, o hipotálamo, que é o responsável pelo controle do metabolismo do corpo, para que seja intensificada a produção de adrenalina, noradrenalina e acetilcolina. Em uma fração de segundo, a descarga dessas substâncias causa alterações no funcionamento de diversas partes do corpo (veja a seguir).

O neurologista Joseph LeDoux, da Universidade de Nova York, especialista em medos, e o neurologista português Antonio Damásio explicam que nas duas amídalas cerebrais fica registrado e gravado tudo o que vivenciamos em relação aos perigos, cheiros, imagens ou sons, e quando nos defrontarmos com situações semelhantes àquelas gravadas pelas amídalas, elas se encarregam de avisar que estamos em uma situação de perigo, e que é hora de ter medo. Quando a informação chega ao cérebro, vai direto à amídala. Se ela julgar que se trata de uma ameaça, manda mensagens ao corpo todo para ficarmos atentos. Só depois que as amídalas fizerem seu julgamento, o córtex começa a entender que estímulo é aquele. Nesse meio tempo, o corpo já está se preparando para lutar ou fugir.

Tanto o caminho alto quanto o caminho baixo levam ao hipotálamo, responsável pelas reações de luta e fuga. Para isso, ele ativa dois sistemas ao mesmo tempo: o sistema nervoso simpático e o sistema adrenocortical. O primeiro utiliza impulsos elétricos das vias nervosas para iniciar as reações do corpo. O segundo utiliza impulsos químicos da corrente sanguínea. Os efeitos combinados dos dois sistemas darão a reação. Quando o hipotálamo decide que é hora de entrar em ação, o corpo acelera, fica tenso e mais alerta. Se houver um ladrão entrando na sua casa, vai ser necessário fazer algo, e rápido. O sistema nervoso simpático envia impulsos para as glândulas e músculos lisos e diz à medula adrenal para liberar adrenalina e noradrenalina na corrente sanguínea. Esses hormônios do estresse efetuam várias mudanças no corpo, incluindo um aumento na frequência cardíaca e na pressão arterial.

Reações do corpo ao perigo

Estamos, atualmente, expostos a assaltos, tiroteios, brigas de trânsito e acidentes de carro. A vida moderna tem vários momentos estressantes em decorrência de reações emocionais e situações que não existem na natureza, como demissão, divórcio, pressão no trabalho e disputas e concorrência com os colegas. Nesses eventos, o corpo libera adrenalina como se estivesse em uma situação de perigo na natureza. Estima-se que o morador de uma cidade grande seja estimulado contra um perigo, em média, seis vezes por dia.

A adrenalina é um hormônio, cujo aumento melhora muito o desempenho físico e intelectual. É conhecida como "hormônio energético". Ela desempenha o papel central na reação do organismo. Contudo, se houver adrenalina em demasia no corpo, ou adrenalina na hora errada, pode haver problemas, por estimular o organismo sem necessidade. A adrenalina também é o grande causador do pânico. Ao ficar ansioso, seu corpo produz adrenalina. Você se sente animado, sua frequência cardíaca e respiratória aceleram. Se você sentir que eventualmente está perdendo o autocontrole, seu organismo irá liberar imediatamente mais adrenalina. O resultado é o ataque de pânico.

A noradrenalina é sintetizada nas fibras nervosas. Suas principais ações no sistema cardiovascular se destinam a manter a pressão sanguínea em níveis normais. A acetilcolina é um neurotransmissor do sistema nervoso periférico e central. A contração dos músculos ocorre em decorrência da liberação dessa substancia. As amídalas cerebrais enviam sinais para o hipotálamo, que é o responsável cerebral pelo controle do metabolismo do corpo, para que seja intensificada a produção dos hormônios adrenalina, noradrenalina e acetilcolina.

Em uma fração de segundo, a descarga dessas substâncias causa alterações no funcionamento de diversas partes do corpo: o aumento do nível de adrenalina eleva os batimentos cardíacos, a maior irrigação sanguínea faz com que cérebro e músculos trabalhem mais intensamente, deixando a pessoa alerta e ágil. O fato de o coração bater acelerado exige maior oxigenação, o que faz com que a respiração se torne mais curta e ofegante, para conseguir captar mais oxigênio. Os batimentos cardíacos ficam até cinco vezes mais rápidos que o normal e a pressão arterial sobe. O coração acelera justamente para que o sangue se espalhe rápido, carregando mais nutrientes. Ocorre a dilatação das pupilas para que elas recebam a maior quantidade possível de luz para melhorar a visão. Isso diminui a capacidade da pessoa de reparar nos detalhes que a cercam, aumentando o poder de visão geral, para percebermos melhor os riscos e as rotas de fuga. Em tempos ancestrais, esse recurso permitia que o homem identificasse, no escuro das cavernas, um predador e as possíveis saídas. O cérebro recebe doses mais altas de substâncias químicas excitatórias (serotonina, dopamina e noradrenalina). O pensamento e os reflexos ficam aguçados.

Ocorre a contração das artérias para concentração do sangue nos grupos musculares maiores. Alguns vasos se contraem para reduzir a irrigação de órgãos não vitais, como a pele e outras extremidades. Isso é responsável pelo "calafrio". É por isso que mãos e pés ficam frios. O corpo começa a quebrar gorduras, que são eficientes depósitos de energia, para disponibilizar imediatamente essa energia adicional, e converte as reservas de açúcar em glicose, fornecendo energia extra ao organismo. Essa energia pode ser útil para ajudar numa fuga ou num enfrentamento. Ficamos, então, mais fortes. Os músculos recebem sangue e oxigênio acima do normal e enrijecem, energizados por adrenalina e glicose, e isso provoca arrepios, pois os pequenos músculos conectados a cada pelo são tensionados, puxando os fios para cima. Desligam-se os sistemas não essenciais (como o digestivo e o imunológico) para guardar a energia para as funções de emergência. Muitas pessoas, em situações de medo, sentem dor na região estomacal por causa do aumento na produção de acetilcolina. A digestão é interrompida, permitindo que o corpo dedique toda a energia aos músculos. A sensação de fome desaparece. O sangue deixa o intestino para se concentrar no cérebro e no coração, onde é mais necessário, e por isso pode ocorrer uma diarreia.

Medos ancestrais

Existem medos ancestrais, ou seja, o ser humano já nasce com alguns medos pré-gravados nas amídalas em seu cérebro, e isso serve para proteger os recém-nascidos. O reflexo automático diante do perigo foi implantado em nossos genes para evitar que sejamos feridos ou mortos ao nascer, antes de qualquer aprendizado. Sem ele, seria impossível a sobrevivência da espécie. As fobias são medos exagerados que incomodam muito, mas todas elas nasceram de medos sem os quais a espécie humana não teria sobrevivido. Como exemplo desses medos ancestrais, há o medo de lugares fechados, já que, no passado, os homens das cavernas tinham medo ficar acuados dentro de uma caverna por inimigos sem poder fugir. Hoje esse medo é quase inútil. Há também o medo de altura, originado no medo que os homens da caverna tinham de cair em precipícios. Com os animais, ocorre o mesmo. Um gatinho recém-nascido, por exemplo, já sabe o risco representado por um cachorro, mesmo sem nunca ter visto um antes.

Medos específicos

Embora haja medos universais, também existem medos específicos para indivíduos, comunidades, regiões ou mesmo culturas. Quem mora numa cidade grande provavelmente está sujeito a uma variedade de medos muito maior que quem vive num lugarejo ou numa fazenda. Pescadores, com certeza, têm muito mais medo de tempestades do que quem fica sempre em terra firme. Quem vive na zona rural tem mais medo de cobra do que quem vive na área urbana. Algumas tribos e comunidades isoladas chegavam a sacrificar membros da família para aplacar a ira de suas divindades. Nossos medos estão relacionados ás experiências que já tivemos. Existe uma fobia chamada de Taijin Kyofusho, que é considerada pela comunidade psiquiátrica como uma fobia específica do Japão: um medo de ofender as pessoas por excesso de modéstia ou respeito, uma fobia específica da cultura japonesa.

O prazer de sentir medo

Paradoxalmente, existem pessoas que gostam de sentir medo, por exemplo, assistindo a filmes de terror ou praticando esportes radicais. Essas pessoas buscam a excitação da reação de luta e fuga. Essa excitação pode dar prazer e até imitar a excitação sexual. Casais românticos gostam, por exemplo, de andar de montanha-russa.

Existem evidências científicas que apoiam a conexão entre o medo e a excitação. O psicólogo Arthur Aron conduziu um estudo sobre o extremamente comum medo de altura, junto com sua assistente, uma mulher muito bonita e muito sexy. Ele fez com que um grupo de homens atravessasse uma ponte instável de 140 metros a uma altura de 70 metros do solo, ao passo que outro grupo teve de andar sobre uma ponte idêntica, mas perfeitamente estável. No final de cada ponte, os homens encontravam a estonteante assistente de Aron, que fazia a cada participante um conjunto de perguntas relacionadas a um estudo que estaria sendo feito e lhes dava o numero de telefone dela, caso quisessem obter mais informações. Dos 33 homens que cruzaram a ponte estável, somente dois ligaram para a assistente, enquanto dos 33 homens que andaram sobre a ponte instável, nove ligaram. A conclusão de Aron foi que o estado de medo estimula a atração sexual, ou seja, de que existe correlação entre o medo e o aumento da atração sexual.

O medo é saudável quando se manifesta em doses adequadas e em situações apropriadas, servindo para preservar a vida. Podemos assim deduzir que o medo "saudável" é uma emoção produzida pela percepção de um perigo presente ou iminente, e se manifesta em situações apropriadas. Sentir medo de vez em quando faz parte da vida. Conviver com medos crônicos pode debilitar uma pessoa tanto física quanto emocionalmente, acarretando várias doenças.

A ansiedade

A ansiedade é uma emoção muito semelhante ao medo, com a diferença de que ela surge sem que haja uma fonte de perigo real. Sendo uma emoção, a ansiedade é dificilmente definida com precisão, mas pode ser avaliada pelos seus sintomas fisiológicos, comportamentais e cognitivos. Enquanto o medo surge frente a uma situação de perigo, a ansiedade nasce sem a presença dessa fonte. A ansiedade é um sinal que prepara o indivíduo para o que poderá acontecer frente a novas situações. Se um assaltante nos aponta uma arma, sentimos medo. Se ficarmos sofrendo com a possibilidade de um assaltante nos apontar uma arma, sentimos ansiedade.

Quando alguém diz que está receoso de voar, está se referindo a algo que pode ocorrer no futuro. Nesse momento, o medo pode ser descrito como latente, sendo ativado no momento em que a pessoa decide pegar o avião. Em outras palavras, a exposição ao evento temido pode ser real ou imaginária. A ansiedade é um estado de funcionamento cerebral que percebe contextos ambientais potencialmente ameaçadores, avalia o grau de perigo e ameaça (potencial, distante ou iminente) e prepara os comportamentos de enfrentamento. A ansiedade é uma resposta normal para diversos acontecimentos na vida, e ocorre, por exemplo, quando uma criança se afasta dos pais, na ocasião do primeiro emprego, no primeiro namoro, etc. A ansiedade é um acompanhante natural do crescimento, das mudanças, das experiências novas e inéditas, do encontro da própria identidade e do sentido da vida.

Contudo, quando a ansiedade está presente em um grau e frequência acima do normal, causando um sofrimento intenso, dizemos que estamos diante de um transtorno de ansiedade. Por exemplo, um inexplicável medo de morrer de uma doença grave, sem que a pessoa esteja de fato doente, caracteriza a ansiedade hipocondríaca. Um pavor de andar de avião, meio de transporte absolutamente seguro, evidencia a ansiedade fóbica. As alterações químicas comandadas pelo cérebro em caso de ansiedade são semelhantes àquelas que já vimos para o medo, com a possibilidade de ocorrência de uma série subsequente de reações fisiológicas, cognitivas e comportamentais. As manifestações da ansiedade podem ser divididas e organizadas para facilitar seu entendimento, e ajudar a identificar o que é a principal manifestação e o que é apenas um componente do problema.

As alterações fisiológicas decorrentes da ansiedade são taquicardia ou alterações do ritmo cardíaco, falta de ar, tremores, tensão ou abalos musculares, sudorese, secura na boca e garganta, arrepios, ondas de frio e calor, urgência para urinar

ou evacuar, formigamento nos membros e sensação de fadiga. Outros sintomas físicos complicadores acontecem por causa da hiperventilação, como tontura, vertigem, sensação de desmaio, ou à hipertonia muscular, que evoluiu para tremores generalizados, dores inespecíficas e generalizadas e espasmos musculares.

As manifestações cognitivas, psíquicas ou mentais incluem o medo, a angústia e a preocupação, e aparecem em forma de pensamentos catastróficos. A ansiedade difusa se manifesta no indivíduo que vê uma variedade de situações como ameaçadoras e fica apreensivo, esperando resultados desfavoráveis. A pessoa foca preferencialmente os aspectos negativos e ameaçadores do cotidiano. Aqui podemos incluir tensão, inquietação interna, apreensão desagradável, opressão e desconforto subjetivo, preocupações exageradas, insônia, insegurança, irritabilidade, distração, desconcentração, desrealização, despersonalização, etc. Outra manifestação importante da ansiedade patológica são os comportamentos de esquiva ou fuga, inquietação e exploração do ambiente antecipando perigo ou ameaça. A ansiedade pode se manifestar de forma constante, o que caracteriza o transtorno de ansiedade generalizada.

Como a ansiedade se manifesta

Crises de ansiedade ou ataques de pânico ocorrem quando uma série de sintomas subitamente se instala em cerca de dez minutos. A ansiedade patológica pode ainda estar associada a eventos, objetos ou situações, sendo denominada ansiedade situacional. Caso ocorra de forma imotivada ou espontânea, é denominada ansiedade espontânea. Ninguém vive com zero de ansiedade. Sempre temos um pouco de ansiedade e de medo – a sobrevivência depende deles. Nosso desejo de somente ter sensações boas o tempo todo não é possível de ser realizado. As sensações ruins fazem parte do nosso dia a dia, e o que imaginamos como ruim nem sempre é. Também não sentimos ansiedade só em maus momentos. Muitas vezes, ficamos ansiosos frente a situações boas e prazerosas, como quando ganhamos na loteria, fazemos sexo, no primeiro namoro, no primeiro emprego ou quando passamos no vestibular.

Nós nos imaginamos todo-poderosos e, quando traçamos um objetivo em nossa vida, queremos atingi-lo seguindo uma linha reta e ascendente. Mas o que acontece na maioria das vezes é uma trajetória ascendente, mas com altos e baixos, ora com bons e ora com maus momentos. Temos de comemorar os progressos, mas não desistir nos fracassos. Ao final de uma guerra, mesmo o vencedor terá perdido muitas batalhas. Um grande objetivo para nossa vida poderá ser simplesmente aceitar a ansiedade, conviver com ela e administrá-la. Lutando contra, você nunca vencerá. Em vez de se concentrar nas suas sensações negativas, dirija sua atenção para todas as outras coisas à sua volta. Controle o desespero, mas não fuja da situação. Pense no melhor.

Agora você já sabe que a sensação de falta de ar, a respiração ofegante, os batimentos cardíacos acelerados fazem parte do processo, e há como sair do círculo vicioso, não deixando que o mental alimente o físico e o físico alimente o mental.

O mecanismo do pânico

As amídalas não controlam apenas os perigos externos. Elas também percebem quando seu coração está mais acelerado ou que sua respiração está mais ofegante por qualquer motivo, e logo avisam que algo está errado. Quando a pessoa começa a acreditar que não está bem, passa a ter um sentimento intenso de apreensão que evolui para uma crise de pânico, acompanhada de uma variedade de sensações físicas perturbadoras. Isso acaba gerando uma grande ansiedade que vai gradualmente aumentando, e a pessoa se convence de que está muito mal. Se por acaso essa crise acontecer dentro do avião, a amídala grava a associação avião-perigo-mal-estar, fazendo com que a pessoa não queira mais entrar no avião. Caso a crise ocorra no shopping, a amídala associa shopping-perigo-mal-estar, e assim por diante, até ela ter medo de quase tudo e ficar escrava dele.

O transtorno do pânico é caracterizado por ataques espontâneos de pânico. Um paciente descreve o que sente: "De repente, meu coração começou a bater muito forte. Parecia que ia sair pela boca... com uma sensação de falta de ar, pensava que minha garganta estava trancada e não passava mais o ar..., comecei a suar no corpo inteiro, meu corpo tremia, eu não parava em pé porque minhas pernas não paravam de tremer... tinha certeza que aquele era meu fim. Será que consigo chegar a algum hospital antes de morrer?". Essa é uma descrição típica. O ataque de pânico provoca uma enorme ansiedade de que possa acontecer de novo. E, de fato, novas crises ocorrem, levando a pessoa de hospital em hospital, e de médico em médico, procurando achar uma cura que impeça a crise de acontecer novamente.

Os sintomas compreendem taquicardia, falta de ar, tremores, sudorese, tonteiras, vertigens, pernas bambas, náuseas, formigamentos, etc. Existe uma sensação de morte iminente, por sufocamento ou ataque cardíaco, loucura, perda de controle, desmaio, que causam enorme mal-estar e desconforto. Esses sintomas frequentemente levam a comportamentos de fuga ou evitação generalizada, que limitam de forma drástica a mobilidade e a autonomia da pessoa. A vida pessoal, profissional e afetiva das pessoas é afetada. Elas não conseguem mais sair sozinhas, e por vezes nem acompanhadas. A crise pode novamente se manifestar em transportes públicos, bancos, cinemas ou teatros. A pessoa passa a ter muita dificuldade para trabalhar e, muitas vezes, busca auxílio no álcool ou nos medicamentos, o que eventualmente cria dependências químicas secundárias. O problema somente fica devidamente equacionado quando o paciente recebe o diagnóstico do transtorno do pânico, por intermédio de um psicólogo ou psiquiatra, e é informado que é algo perfeitamente tratável. O início da cura ocorre exatamente com a compreensão do problema.

Alarme falso: quando o medo não tem fundamento

Nem sempre a situação é de perigo real. Só que a amídala acaba gravando medos novos e irracionais. Um dos erros de processamento das amídalas é o medo de avião. Em qualquer situação de medo excessivo, o organismo imediatamente sofre uma alteração química, e, nesse momento, a fobia está instalada, graças ao alarme falso de nossas amídalas. Muitas vezes, as amídalas respondem muito rápido aos estímulos e isso explica por que a maioria dos medos não é racional. Quem nunca se assustou com um barulho, mesmo sabendo que está em um lugar seguro? Quantas vezes sofremos assistindo um filme, choramos e ficamos tensos, mesmo sabendo que estamos sentados confortavelmente em uma poltrona?

É importante sentir medo?

Existe uma doença rara, a doença de Urbach-Wieth, na qual as amídalas cerebrais ficam calcificadas e, por isso, não conseguem gravar as situações de perigo, fazendo com que as pessoas fiquem totalmente destemidas, o que é muito mais sério do que ter medo excessivo. Para uma pessoa completamente sem medo, manter-se vivo é um grande desafio. Existem pessoas que, mesmo sem a doença de Urbach-Wieth, não sentem medo algum, e sempre enxergam o mundo pelo lado positivo, como relata o médico neurologista português Antonio Damásio. Considerando que uma parte das pessoas sente muito medo enquanto outras não sentem nada, o que seria melhor?

Para viver de forma equilibrada, temos de sentir medo também de forma equilibrada. Não devemos agir de forma extrema, não arriscar demais e nem se retrair demais. Pelo fato de sermos racionais, temos uma tendência a antecipar o perigo, mesmo que ele não exista. Ficamos mais medrosos, mas também ficamos mais prevenidos. É comum os fóbicos chegarem ao consultório se queixando de serem muito medrosos, dizendo que gostariam de ser totalmente destemidos, o que é um grande erro. O ideal na vida é ter uma quantidade adequada de medo.

Correr riscos x sentir medo

A vida é repleta de perigos em todas as atividades que realizamos. Riscos existem, mesmo que você fique em casa o tempo todo e não faça mais nada. Aliás, isso é mais arriscado que viajar de avião! Paradoxalmente, existem infinitamente mais pessoas com medo de andar de avião que pessoas com medo de caminhar, fumar, viajar de carro ou ficar em casa.

As mesmas pessoas que ficam terrivelmente tensas em uma viagem de avião conseguem relaxar completamente em uma viajem de carro ou ônibus.

As pessoas tendem a imaginar o risco de uma determinada ação muito mais por fatores emocionais subjetivos do que pela taxa real de risco. Podemos considerar arriscada uma determinada ação que causa estatisticamente muitas vítimas, como, por exemplo, escalar o monte Everest. Por outro lado, uma pessoa desinformada sobre o ar rarefeito, a baixa temperatura, os fortes ventos, as nevascas e as avalanches pode imaginar que o risco é muito menor. A percepção do risco não segue uma lógica matemática e tem a ver não com os fatos e sua probabilidade real de ocorrência, mas com fatores subjetivos como costume, informação, traumas passados, fases da vida, confiança e desconfiança, estar ou não no controle e outros fatores emocionais. Estatísticas não servem para aliviar o problema dos aerofóbicos. "Todo mundo dá conselhos desse tipo, mas esse medo não é matemático, é pavor mesmo. Só entende quem sofre disso", diz um paciente.

Os riscos naturais e aqueles que escolhemos correr como fumar, comer gorduras ou dirigir num trânsito caótico são geralmente mais bem aceitos que os riscos que corremos entregando nossa vida nas mãos de outros. Riscos novos alardeados pela imprensa, como a gripe suína, a gripe aviária, o aquecimento global e os agrotóxicos presentes nos alimentos incomodam mais que os riscos cotidianos. Riscos de mortes catastróficas ou mortes terríveis incomodam mais que riscos crônicos, mesmo que estes sejam muito maiores.

Riscos

Rir é correr o risco de parecer tolo.
Chorar é correr o risco de parecer sentimental.
Estender a mão é correr o risco de se envolver.
Expor seus sentimentos é correr o risco de mostrar seu verdadeiro eu.
Defender seus sonhos e ideais diante da multidão é correr o risco de perder a amizade das pessoas.

Amar é correr o risco de não ser correspondido.
Viver é correr o risco de morrer.
Confiar é correr o risco de se decepcionar.
Tentar é correr o risco de fracassar.
Porém, os riscos devem ser corridos, porque o maior perigo é não arriscar nada.
A pessoa que não corre nenhum risco não faz nada, não tem nada e não é nada.

Ela pode até evitar sofrimentos e desilusões,
mas não sente, não muda, não cresce, não ama, não vive.
Acorrentada por suas atitudes, ela torna-se escrava e priva-se da liberdade.
Por isso, somente a pessoa que corre riscos é totalmente livre.

(autor desconhecido)

Capítulo 2

O condicionamento para sentir medo

Os estudos que lançaram as bases do entendimento sobre o medo iniciaram-se no começo do século XX, a partir da teoria da evolução das espécies de Darwin. Observando o comportamento animal, passamos a inferir o que ocorre com os seres humanos. O circuito da reação do medo foi afinado pela evolução ao longo dos anos, mas também temos de considerar outro aspecto importante: o condicionamento. O medo foi muito importante na evolução das espécies, já que os animais que tinham pouco medo eram rapidamente mortos pelos predadores, e aqueles que tinham medo demais podiam perder excelentes oportunidades de se alimentar.

As bases empíricas dos estudos cognitivo-comportamentais remontam ao início deste século. A tese darwiniana da continuidade entre o homem e os animais inferiores permitiu que "modelos animais" de comportamento fossem aplicados ao estudo da psicopatologia, a partir do pressuposto de que os princípios do aprendizado animal podiam ser generalizados para o homem. O condicionamento explica por que algumas pessoas têm medo de cachorros ou gatos, ao passo que outras os consideram praticamente membros da família. O temor que uma pessoa sente de cachorros provavelmente se deve a uma resposta condicionada: por exemplo, a lembrança da dor de uma mordida associada à simples visão de um cachorro. Talvez ela tenha sido mordida por um cachorro quando tinha três anos de idade e, muitos anos depois, o cérebro dela ainda associe a visão de um cachorro com a dor da mordida.

Um dos experimentos mais interessantes sobre condicionamento foi conduzido por Pavlov, pesquisador russo nascido em 1836, com doutorado em ciências naturais, e sua equipe, utilizando cães. Quando soava uma campainha, os cães recebiam comida e começavam a salivar. Como a salivação é produzida pela comida, o alimento era chamado de "estímulo não condicionado" e a salivação de "resposta não condicionada". Antes do aprendizado, a campainha não produzia nenhuma salivação nos cães.

Depois de algumas repetições, assim que a campainha tocava, os cães começavam a salivar, antes mesmo de receberem a comida. O som passou a ser chamado de "estímulo condicionado" e a salivação de "resposta condicionada". A salivação, que é um processo fisiológico, passou a ser "cultural", aprendido. Esse fenômeno tornou-se conhecido como condicionamento clássico. O mesmo ocorre com o medo e outras reações emocionais. Não é difícil deduzir o enorme alcance dessas descobertas. A descoberta de que reações emocionais como o medo também podem ser condicionadas teve fortes implicações para a compreensão dos fenômenos psicopatológicos.

Mais tarde, Thorndike, Tolman e Guthrie, nos Estados Unidos, concluíram que se um determinado comportamento fosse sempre recompensado, existia uma tendência de repetição desse comportamento, o que passou a ser conhecido como "Lei do efeito". Segundo ela, um comportamento que traz recompensas agradáveis tenderá a ser repetido, enquanto um comportamento que traz consequências desagradáveis tenderá a ser reduzido ou extinto. É o que ocorre no caso do medo de avião. Quanto mais a pessoa se sente mal diante de uma possível viagem de avião, mais ela evita e se esquiva de viajar.

Skinner, psicólogo norte-americano nascido em 1904, considerado o pai da psicologia comportamental, definiu os reforçadores em termos do efeito que exercem sobre o comportamento. Dessa forma, sempre que um determinado comportamento for seguido por um evento positivo e passar a ocorrer com maior frequência, haverá um comportamento reforçado. No caso do avião, quando você faz várias viagens tranquilas, e chega ao local de destino se sentindo bem, maior é a tendência de voltar a viajar de avião. O oposto ocorre com o reforço negativo, no qual a frequência de um comportamento aumenta por ser seguido de um evento negativo, a ansiedade. Você faz diversas viagens sofrendo forte ansiedade e passa a não querer viajar mais para não passar por aquele sofrimento.

Punição e frustração

Outros dois conceitos importantes são a punição e a frustração. A punição ocorre quando um comportamento é seguido por um evento negativo e, por isso, vai diminuindo de frequência. Quando a pessoa faz uma viagem de avião e passa mal por causa de turbulência ou outros contratempos, a tendência é ela evitar fazer uma nova viagem. Normalmente, são aquelas pessoas que, depois desse episódio, procuram uma "muleta" no álcool ou nos calmantes. A frustração ocorre quando o comportamento não é seguido por uma recompensa esperada. Por exemplo, quando a pessoa acha que a viagem vai ser maravilhosa, mas algum contratempo acontece.

A partir desses conceitos, podemos explicar a fobia e como o comportamento de evitação ocorre. A fobia nasce de algo ruim ocorrido na vida da pessoa, fazendo com que a pessoa passe a fugir da possibilidade de ter de senti-la novamente – evitação. O psicólogo norte-americano Martin

Seligman realizou um experimento de condicionamento no qual mostrava aos participantes fotos de certos objetos e lhes aplicava choques elétricos em seguida. A ideia era criar uma fobia (um medo intenso e irracional) do objeto da foto. Quando era uma foto de algo como uma aranha ou uma cobra, bastavam de dois a quatro choques para estabelecer uma fobia, mas quando a foto era de algo como uma árvore, eram necessários muito mais choques para que se estabelecesse um medo real.

Exemplificando, quando um pernilongo zune em nossos ouvidos, o zunido é gravado pelas amídalas. Em seguida, se formos picados pelo pernilongo, passando a sentir dor e coceira, isso também é gravado pelas amídalas. Quando ouvirmos o mesmo barulho novamente, as amídalas irão dar o alarme e iremos imediatamente entender que podemos ser picados novamente.

Capítulo 3

Quando o medo vira fobia

De posse de todas as informações sobre como se processa o medo, podemos entender quando ele deixa de ser natural e passa a ser um medo "patológico", ou seja, torna-se, de fato, uma fobia. A fobia se manifesta quando o medo se torna excessivo, irracional, ou quando ocorre em situações em que não deveria se manifestar, como no caso de voar – uma ação de baixíssimo risco vivenciada por milhões de pessoas diariamente, sem qualquer problema, como será mostrado adiante.

É muito comum as pessoas dizerem que têm fobia, o que pode nos levar a concluir que podemos ter fobia em relação a quase tudo. Contudo, na prática clínica, observamos um número limitado de fobias. Consideramos fobia um medo excessivo e persistente relacionado a algo que não representa um perigo real. O fóbico tem a tendência a evitar a situação temida (como andar de avião), e até reconhece que esse comportamento não é racional. Ate hoje não temos o conhecimento da causa exata das fobias. Elas são consideradas medos aprendidos, adquiridos por intermédio de condicionamento direto (quando a própria pessoa passa por uma experiência ruim), indireto (quando o medo é aprendido ao se observar o medo de outros) ou da transmissão de informações (Rachman, 1977; Ost e Hugdahl, 1981). Por exemplo, uma criança que observa a mãe demonstrar um medo exagerado de baratas, ratos ou aviões com certeza desenvolverá medos semelhantes.

A pessoa com fobia de avião acredita que vai correr um perigo imenso se, por acaso, entrar no avião. Se não entrar, nada vai acontecer, e ela se sente tranquila. O fóbico procura um lugar "seguro", onde não tenha de confrontar a situação causadora de sua fobia. Ele foge e por isso não tem a oportunidade de se adaptar à situação e se acostumar com o ato de voar, num crescendo que acaba interferindo nas suas atividades regulares. Se você tiver medo de cobra e morar em uma cidade como São Paulo, dificilmente isso irá interferir na sua vida. Muitos pacientes procuram nossa clínica porque querem se libertar do medo de voar de avião, mas não têm coragem. Eles passam a recorrer a desculpas esfarrapadas, nas quais eles próprios começam a acreditar, só para não enfrentar o avião.

Ao interpretar uma situação de forma distorcida, as pessoas podem concluir e passar a acreditar, por exemplo, que andar de avião é perigoso. Isso pode acontecer de forma gradativa ou abrupta, quando a pessoa leva um susto. Quando perguntamos o que desencadeou sua fobia, é provável que a pessoa não descreva um único evento traumático. Quando ocorre um acidente de avião amplamente divulgado pela imprensa, tornam-se comuns comentários como: "Não ando mais de avião porque é perigoso" ou "Não quero morrer". Isso faz aflorar os medos. É comum a fobia aparecer em uma fase em que a pessoa esteja estressada ou esteja passando por momentos de grande agitação.

As fobias específicas

A fobia de avião é uma fobia específica, porque, apesar do medo intenso, é dirigida e restrita a uma situação determinada.

Em um de nossos grupos de terapia com aerofóbicos, participava uma policial que andava armada, e não tinha nenhuma fobia relacionada a portar armas, ter de eventualmente atirar em outra pessoa, e muito menos de ser recebida à bala, mas ela morria de medo de avião, algo muitíssimo menos arriscado.

As fobias específicas mais comuns são as fobias de animais e insetos, lugares pequenos e fechados, elevadores, aviões, tempestades, hospitais, dentistas, visão de sangue e outras. Ter certo medo ou aversão a algum desses estímulos em escala normal não pode ser chamado de fobia. Aliás, quem não tem nojo de ratos ou baratas?

É muito difícil saber o percentual exato de fóbicos na população, já que eles têm tendência a esconder seus medos, e também pela dificuldade de diferenciar um fóbico de uma pessoa com "medo normal". Estimamos que as fobias específicas sejam bastante comuns, acometendo uma em cada nove pessoas adultas. É comum as crianças apresentarem fobias específicas, que tendem a desaparecer por volta dos seis anos de idade. As fobias são mais frequentes nas mulheres adultas que nos homens. A fobia social acomete homens e mulheres na mesma proporção, mas a agorafobia acomete quatro vezes mais mulheres que homens, predominando nas de meia idade. Não existe ainda uma explicação clara para esses dados estatísticos, mas eles são importantes para o diagnóstico e para o tratamento.

Diagnóstico da fobia

Para diagnosticar uma fobia específica e diferenciá-la de um medo normal, existe um protocolo científico, o DSM-IV, *Diagnostic and Statistical Manual of Mental Disorders, da American Psychiatric Association*. Trata-se de um procedimento padronizado para ser seguido pelo terapeuta. O medo deixa de ser normal e passa a ser patológico quando começa a atrapalhar a vida da pessoa, a limitar suas atividades e prejudicar seu desempenho. As fobias específicas podem também se desenvolver gradualmente a partir dos medos de infância. A agorafobia parece começar mais frequentemente no final da adolescência, fase em que se espera que as mulheres se tornem mais independentes, ou ao redor dos 30 anos (Marks e Gelder, 1966).

Apesar de não sabermos a causa exata que desencadeia a fobia, isso não impede o tratamento, já que podemos tratá-la com êxito mesmo sem saber como ela se originou. O diagnóstico da fobia, portanto, consiste em verificar se o paciente apresenta um quadro de medo normal ou medo patológico. Para diagnosticar a fobia específica, usamos os seguintes critérios, segundo o DSM-IV: medo acentuado e persistente, excessivo ou irracional, revelado pela presença ou antecipação de um objeto ou situação fóbica (por exemplo, voar, alturas, animais, tomar uma injeção, ver sangue).

A exposição ao estímulo fóbico provoca, quase que invariavelmente, uma resposta imediata de ansiedade, que pode assumir a forma de um ataque de pânico ligado à situação ou predisposto pela situação. Em crianças, a ansiedade pode ser expressa por choro, ataques de raiva, imobilidade ou comportamento aderente. O indivíduo reconhece que o medo é excessivo ou irracional (em crianças, essa característica pode estar ausente). A situação (ou situações) fóbica é evitada ou suportada com intensa ansiedade ou sofrimento. A esquiva, antecipação ansiosa ou sofrimento na situação temida interfere significativamente na rotina normal do indivíduo, em seu funcionamento ocupacional (ou acadêmico) ou em atividades ou relacionamentos sociais, ou existe acentuado sofrimento acerca de ter a fobia. Em indivíduos com menos de 18 anos, a duração mínima é de seis meses.

A ansiedade, os ataques de pânico ou a esquiva fóbica – tentativa de fugir da situação causadora da fobia – asso-

ciados ao objeto ou situação específica, não são mais bem explicados por outro transtorno mental, como o transtorno obsessivo-compulsivo, o transtorno de estresse pós-traumático, o transtorno de ansiedade de separação, a fobia social, o transtorno de pânico com agorafobia ou a agorafobia sem histórico de transtorno de pânico. Já a CID-10 – Classificação Internacional de Doenças da Organização Mundial de Saúde (OMS), edição 10 de 1992 –, que é o sistema de classificação psiquiátrico adotado no Brasil, define os seguintes critérios para estabelecer os diagnósticos das fobias especificas: os sintomas psicológicos ou autonômicos devem ser manifestações primárias de ansiedade, e não as secundárias a outros sintomas, como delírios ou obsessões. A ansiedade deve ser restrita à presença de uma situação ou objeto fóbico em particular. A situação fóbica é evitada sempre que possível.

Uma antiga história que mostra que os medos estão em nossa cabeça.

A sabedoria do mestre zen

Conta-se que uma mulher, em seu leito de morte, fez o marido jurar que não se comprometeria com nenhuma outra pessoa. Fez a ameaça de voltar como espírito, e de não deixá-lo em paz, se ele não cumprisse a promessa. O marido, a princípio, cumpriu a palavra, mas depois de alguns meses conheceu outra mulher e se apaixonou por ela.

Quase imediatamente, começou a aparecer-lhe, todas as noites, um espírito que o acusava de haver quebrado o juramento. O fantasma noturno não só estava informado de tudo o que se passava com a relação amorosa que ele mantinha, como também conhecia todos os seus pensamentos, esperanças e sentimentos. Como a situação se fazia insuportável, o homem decidiu pedir conselho a um mestre zen.

"Sua esposa se converteu em espírito e sabe tudo o que você faz, diz e pensa. É um espírito muito sábio e merece ser admirado por você", disse-lhe o mestre. E continuou: *"Quando ela lhe aparecer de novo, proponha um trato. Diga-lhe que, já que ela sabe tanto de você, não é possível esconder nada. E, por isso, você vai romper seu compromisso, se ela puder responder a uma simples pergunta"*.

"Que pergunta tenho de fazer-lhe?", indagou o homem. *"Encha a mão de feijão e pergunte-lhe quantos grãos há nela. Se o espírito não responder, você ficará sabendo que ele não é nada mais que o produto de sua imaginação, e ele não o molestará mais"*. A noite chegou e o espírito apareceu. O homem agiu exatamente como o mestre mandara. Estendeu a mão e perguntou: *"Quantos grãos há aqui?"* Claro que o espírito não soube responder. A imaginação do homem não poderia responder a uma pergunta para a qual nem o próprio homem conhecia a resposta...

Capítulo 4

Voar de avião é perigoso ou não?

Por Danilo Marcondes de Andrade,
copiloto da *Gol Linhas Aéreas Inteligentes*

A aviação está entre as atividades mais técnicas e mais reguladas do planeta. Os fabricantes e as empresas aéreas seguem rígidas normas internacionais de qualidade, sendo auditados frequentemente. Os profissionais responsáveis pela operação e manutenção das aeronaves, aeroportos, auxílios à navegação, controle de tráfego aéreo, bem como outros sistemas de apoio são altamente treinados e qualificados.

O treinamento do piloto

Para se ter uma ideia, antes de ingressar em uma empresa aérea, cada piloto, apesar de já possuir experiência comprovada de milhares de horas de voo, é submetido a um processo seletivo rigoroso. Nesse processo, são testadas suas habilidades técnicas, psicológicas e de gerenciamento. Após a contratação, o então piloto de linha aérea passa por um abrangente treinamento teórico, que dura cerca de cinco semanas. Após isso, seus conhecimentos práticos são refinados em mais de uma dezena de exaustivas sessões em simuladores de voo de última geração. Esses simuladores são máquinas que valem dezenas de milhões de dólares, que recriam com perfeição o ambiente de voo. Nessas sessões, que duram quatro horas cada, o instrutor simula virtualmente todas as panes possíveis em uma aeronave. Somente após demonstrar desempenho condizente com os mais rígidos padrões, o piloto pode prosseguir para a próxima parte do treinamento: o voo real.

Nessa fase, o piloto, sob supervisão de outro comandante instrutor, conduz a aeronave em situações reais de voo. Durante esse treinamento, a ênfase é o padrão operacional da empresa aérea e a segurança. O treinamento só termina cerca de seis meses após a contratação do profissional. Ao final desse processo, dezenas de milhares de dólares e centenas de horas de treinamento terão sido gastos com cada piloto.

Mesmo após essa maratona inicial, cada piloto passa por reciclagens frequentes (ao menos semestrais), em que todos os assuntos são revisados em sala de aula, em simuladores, e em voos reais. Os comissários de bordo, mecânicos e profissionais ligados às mais diversas áreas da operação aérea também passam por extensos treinamentos, abordando os temas de sua área de atuação. Portanto, ao entrar em um avião, cada passageiro pode relaxar e aproveitar o passeio com a certeza de que está ingressando em um ambiente extremamente seguro, em que cada detalhe foi pensado para garantir sua segurança.

Por que o avião voa?

O planeta Terra é envolto por uma camada de ar que recebe o nome de atmosfera. Essa camada é composta por diversos gases, principalmente nitrogênio e oxigênio. O ar é considerado um fluido. Quando voam, as aeronaves interagem com esse fluido, da mesma forma que um navio ou um submarino interagem com a água. Existem vários tipos de máquinas voadoras. Algumas são denominadas *veículos mais leves que o ar* e recebem esse nome porque possuem algum gás leve em seu interior, como o hélio, no caso dos dirigíveis, ou o próprio ar aquecido, no caso dos balões. Esse gás gera uma força vertical chamada "empuxo". Quando a força do empuxo é maior que a força da gravidade, o balão ou dirigível sai do chão. Portanto, essas aeronaves literalmente "boiam" na atmosfera, assim como um barco boia na superfície do mar.

Os aviões pertencem a outra categoria: a dos *veículos mais pesados que o ar*. Para sair do chão, precisam gerar uma força que se oponha à gravidade: a sustentação. A sustentação é gerada pelas asas, mediante reações aerodinâmicas. Aerodinâmica é um ramo da física que estuda o movimento do ar. Portanto, as asas só funcionam com ar em movimento, ou seja, precisam de velocidade. O avião precisa dos motores para ganhar velocidade. Existem vários tipos de motores. Alguns possuem pistões e são movidos a gasolina, muito semelhantes aos motores de quatro tempos que equipam os automóveis. Esses motores movimentam uma hélice que, ao deslocar o ar para trás, impulsiona o avião para a frente.

Também existe o motor à reação. Nesses motores, um compressor despeja ar comprimido em uma câmara de combustão. Esse ar recebe combustível e se expande. A exaustão desse gás gera um fluxo de alta energia, que é aproveitado de diversas formas. Além de acionar o próprio compressor, por meio de uma turbina, sua energia pode ser utilizada para movimentar uma hélice (no caso dos famosos turboélices), ou uma espécie de hélice carenada, que recebe o nome de *fan*. Os grandes aviões de transporte modernos possuem esse tipo de motorização, conhecida por *turbofan*.

Voltemos agora às asas. O ar que passa pelas asas recebe o nome de vento relativo. Com uma determinada velocidade de vento relativo, as reações aerodinâmicas começam a ocorrer. A mais importante delas é a sustentação. A sustentação é a força que se opõe à gravidade, permitindo que o avião voe. Mas você deve estar se perguntando: como as asas geram a sustentação? Existem vários tipos e formatos de asas, de acordo com o tipo de voo pretendido. Contudo, de uma maneira geral, as asas possuem uma parte inferior plana (intradorso) e uma parte superior côncava (extradorso). A parte dianteira da asa recebe o nome de bordo de ataque e a parte traseira recebe o nome de bordo de fuga.

Mecanismo de sustentação do avião

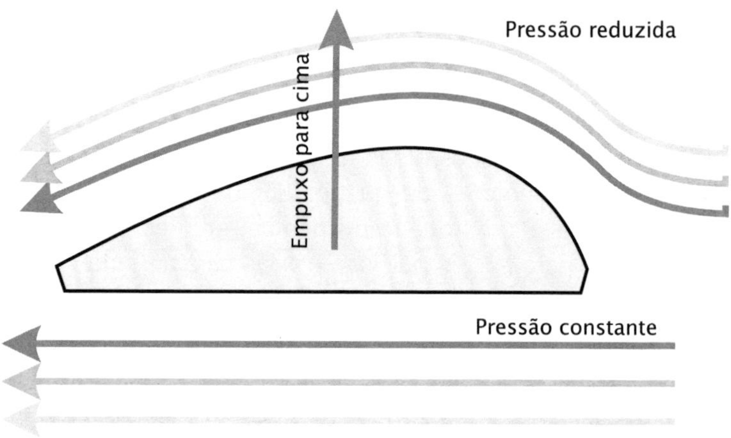

Imagine uma asa em movimento. Agora, imagine duas moléculas de ar chegando juntas ao bordo de ataque da asa, uma prosseguindo pelo extradorso e a outra pelo intradorso.

Pelo princípio físico da continuidade, que faz parte do estudo da dinâmica dos fluidos, as duas moléculas que chegaram juntas ao bordo de ataque chegarão juntas ao bordo de fuga. Como o extradorso é côncavo, essa molécula deverá percorrer um caminho mais longo do que a molécula que seguiu paralela pelo intradorso. Portanto, essa molécula terá de "correr" um pouco mais para alcançar a outra. Essa aceleração do ar sobre a asa gera uma redução da pressão, enquanto o intradorso permanece com pressão constante, conforme descobriu o matemático e físico Daniel Bernoulli, em seu famoso teorema do século XVIII. Podemos dizer que essa diferença de pressão entre o intradorso e o extradorso suga a asa para cima. Essa força recebe o nome de sustentação. Quando a sustentação é maior que o peso da aeronave, o avião pode voar. O que faz o avião ficar estável no ar é o equilíbrio entre todas as forças que atuam sobre ele, sendo que as principais são tração, arrasto, sustentação e gravidade.

A influência do clima no voo

As modernas aeronaves de transporte são desenhadas para voar em praticamente qualquer tempo. Os instrumentos de bordo permitem que o voo seja feito durante o dia ou à noite, com o mesmo nível se segurança. A chuva ou o vento também não costumam ser problema. O avião pode até mesmo ser atingido por um raio em voo, sem que isso represente risco aos passageiros ou à aeronave. Porém, como você deve saber, algumas condições meteorológicas são evitadas. O granizo, por exemplo, pode amassar a superfície da fuselagem, que geralmente é feita de uma liga de alumínio. Contudo, o radar meteorológico do avião consegue detectar esses tipos de nuvens, para que os pilotos possam efetuar os desvios.

Outra situação que pode ocorrer é a de chuva muito forte ou tempestade sobre um aeroporto, no momento do pouso ou da decolagem. Nessas situações, as decolagens podem ser suspensas temporariamente, e as aeronaves que pousam podem preferir fazer alguma espera em rota até que as condições tornem-se mais favoráveis. A segurança de voo é sempre a prioridade!

A turbulência, grande causa do medo que as pessoas têm

Como foi dito, e pode ser observado, o avião voa imerso em um fluido, e, portanto, é susceptível ao movimento desse fluido. Assim como um barco balança em mar agitado, o avião também balança em ar agitado, ou seja, turbulento. Muitos fatores podem tornar o ar turbulento. Em localidades quentes, especialmente à tarde, o ar aquecido, mais leve, desprende-se do solo e sobe em grandes bolhas. Isso pode causar certa turbulência e desconforto em níveis baixos. A turbulência também pode ocorrer quando o vento sopra contra morros e montanhas, ou até mesmo em prédios altos. Esses obstáculos perturbam o fluxo do ar, causando a turbulência.

Por fim, fatores atmosféricos como frentes frias, nuvens de desenvolvimento vertical, variações de temperatura e as correntes de jato (correntes de ar em alta velocidade, existentes em grandes altitudes) podem causar a turbulência. Os aviões atuais somente conseguem detectar em seus radares meteorológicos a turbulência associada a nuvens. Nesse caso, os pilotos podem efetuar desvios na rota, para maior conforto dos passageiros. Quando o ar turbulento encontra-se fora de nuvens, ocorre a chamada turbulência de ar claro. Essa turbulência não pode ser visualizada no radar. Nesses casos, os pilotos podem mudar o nível de voo, subindo ou descendo, na tentativa de encontrar ar mais calmo.

É importante comentar que a turbulência não representa risco ao avião. A estrutura da aeronave resiste facilmente, mesmo às turbulências severas, que são raras. O risco de ferimentos, apesar de remoto, existe quando algum passageiro está sem o cinto de segurança e bate alguma parte do corpo durante uma turbulência mais severa. Portanto, é importante que todos os passageiros permaneçam com os cintos afivelados sempre que estiverem sentados, independentemente dos avisos luminosos de atar cintos.

Os barulhos que o avião faz

Nas aeronaves de transporte, diversos sistemas trabalham em conjunto para que a aeronave possa voar. Além dos motores, existem bombas hidráulicas, compressores, sistemas de pressurização, etc. Cada parte do avião trabalha em fases específicas do voo e produz um determinado ruído. Muitos passageiros frequentes conseguem identificar individualmente cada som dessa sinfonia.

Estatísticas sobre o avião

Todos os dias, mais de 5 milhões de pessoas, segundo dados da IATA – *International Air Transport Association*, embarcam em mais de 83 mil voos em todo o mundo, viajando com conforto, rapidez e muito mais segurança que por qualquer outro meio de transporte. Os acidentes são muito raros, embora, quando ocorrem, sejam fortemente alardeados pela imprensa. Todas as estatísticas já feitas até hoje mostram que as chances de alguém morrer em um acidente aéreo são ínfimas. Contudo, uma parte significativa da população acha que o acidente vai acontecer justamente quando eles estiverem voando.

Definitivamente, o medo de voar não é proporcional ao risco. O risco de andar de avião é da ordem de 0,000001%, enquanto o medo acomete 42% dos brasileiros! Somente 19% dos brasileiros já viajaram de avião. Ou seja, o medo não é lógico, e sim emocional, e não podemos superá-lo apenas mostrando estatísticas, mas sim agindo sobre essa origem emocional. Somente uma em um milhão de pessoas morre em acidente de avião. Seria necessário viajar todos os dias durante mais de 20 mil anos, para se ter a certeza matemática de morrer. Dentre todos os acidentes de avião contabilizados, apenas 4% apresentam fatalidades.

Em alguns feriados prolongados no Brasil morrem mais pessoas em acidentes rodoviários do que no maior desastre aéreo que já houve. No Brasil, só no trânsito morrem 40 mil pessoas por ano. De doenças ligadas ao cigarro, mais de 20 mil. Só na cidade de São Paulo morrem por dia, em média, quatro pessoas atropeladas. O risco de andar de avião é 29 vezes menor que o risco de andar de carro, e oito vezes menor que simplesmente caminhar. Andar de avião é 225 vezes mais seguro que simplesmente ficar dentro de casa. O Sindicato Nacional das Empresas Aeroviárias apresentam uma tabela de acidentes acontecidos de 1989 a 1993, nos Estados Unidos:

Tipos de acidentes	Ocorrências	Percentual
Acidentes rodoviários	228.000	38,30%
Homicídios	120.000	20,16%
Acidentes domésticos	106.000	17,81%
Acidentes de trabalho	47.000	7,90%
Atropelamentos	32.000	5,38%
Afogamentos	32.000	5,38%
Incêndios	21.000	3,53%
Acidentes de barcos	4.600	0,77%
Bicicletas	4.000	0,67%
Acidentes aeronáuticos	480	0,08%
Acidentes ferroviários	150	0,03%

Além de já ser seguro, voar está se tornando cada vez mais seguro. Nos últimos 30 anos, voar se tornou 1.000% mais seguro, com o número de acidentes com vítimas tendo passado de dez para uma por milhão de decolagens.

Voando com o comandante

Descrever um voo real é a melhor maneira de falar sobre as fases de uma viagem. Portanto, a partir de agora, convido o leitor a voar comigo:

> É com muita satisfação que o recebo em nosso Boeing 737 Next Generation, da SAFE Airlines. Meu nome é Danilo sou o comandante deste voo. Estamos nos preparativos finais para nossa viagem. Tão logo seja finalizado o carregamento de sua bagagem em nossos porões, fecharemos as portas e partiremos. Voaremos

hoje entre o aeroporto de Congonhas, em São Paulo, e o aeroporto internacional do Rio de Janeiro, o Galeão - Antônio Carlos Jobim. Já posso adiantar-lhe que nosso voo será de aproximadamente 43 minutos, e que a meteorologia em rota é boa, porém com previsão de uma leve turbulência.

Agora sim estamos prontos: todos a bordo, porões fechados, documentação de voo recebida, e todos os cálculos feitos e inseridos no computador. Portanto, solicitamos ao controle de solo autorização para a partida dos motores e *push-back*, que é a manobra em que um veículo apropriado movimenta o avião em marcha a ré do terminal de passageiros até uma área adequada no pátio de movimento. Porém, antes de iniciarmos a movimentação da aeronave, fazemos as últimas configurações necessárias nos instrumentos e sistemas do avião, e conferimos tudo em uma lista de verificações.

Com o avião em movimento, iniciamos a partida do motor direito, que leva cerca de um minuto. Na sequência, acionamos o motor esquerdo. Após o acionamento dos motores, acionamos o ar condicionado e baixamos os dispositivos hipersustentadores (*flaps* e *slats*), que são essas estruturas que você pode ver movimentando-se na parte dianteira (bordo de ataque) e traseira (bordo de fuga) das asas. Essas superfícies aumentam a curvatura da asa, permitindo maior sustentação em baixas velocidades. Portanto, elas são sempre utilizadas nas decolagens e pousos. Nesse momento, liberamos nosso mecânico, a equipe de solo, e conferimos mais alguns itens na lista de verificações. Após isso, solicitamos ao controle de solo a autorização para prosseguir até a cabeceira da pista, em uma manobra chamada taxiamento. Aceleramos um pouco os motores para o início do deslocamento.

Como os aviões não possuem tração nas rodas, o movimento para a frente é uma reação ao sopro de ar dos motores para trás, de acordo com a lei física da ação e reação. Agora, fazemos uma verificação das superfícies móveis da asa. Você poderá vê-las movimentando-se rapidamente para cima e para baixo. Você poderá vê-las atuando sempre que fizermos curvas em voo. Mais uma consulta à nossa lista de verificações e já estamos perto da cabeceira da pista. Enquanto tudo isso acontece, você deve estar prestando atenção às instruções dos comissários para o caso de despressurização da cabine ou outras situações. Muitos passageiros não dão a devida atenção a essas informações, mas elas são extremamente importantes e devem ser ouvidas atentamente!

É hora de falarmos com a torre de controle para obter a autorização para ingresso na pista e fazer a decolagem. Autorização concedida, farois acesos, fazemos outra consulta à lista de verificações. Os motores são acelerados para a potência de decolagem e o avião inicia a corrida na pista. Um dos pilotos anuncia a passagem pela velocidade de 80 nós (148 km/h). O outro piloto confere o valor em seu velocímetro. Agora, um dos pilotos anuncia a velocidade em que a avião já pode voar.

Nesse momento, o outro piloto puxa o manche para trás e o nariz do avião começa a elevar-se. Em segundos, o aparelho está no ar. As rodas são recolhidas pouco depois, para melhorar a aerodinâmica. A partir de 400 pés (122 metros), já podemos acoplar o piloto automático. Quase sempre o piloto automático é utilizado, pois além de proporcionar maior conforto, esse equipamento permite que nós, pilotos, foquemos nossa atenção no monitoramento e gerenciamento do voo. É importante ressaltar que o piloto automático é um sistema de última geração, com condições de guiar o avião com segurança pela rota programada no computador. Contudo, os pilotos monitoram constantemente seu funcionamento e, a qualquer momento, podem assumir o controle.

Nesse momento, você pode perceber que o avião está bem inclinado, apontando para o céu. É um momento em que ganhamos altura rapidamente, mas ainda voamos bem devagar: só uns 300 km/h. Segundos depois, você pode perceber que o nariz do avião baixa um pouco, e que aquelas superfícies nas asas começam a se recolher. Estamos acelerando para uns 480 km/h. Já estamos em contato com o controle de São Paulo. Esses profissionais nos acompanham em suas telas de radar enquanto subimos e curvamos em direção à cidade maravilhosa, no perfil de nossa rota de saída, chamada SID. Na verdade, inicialmente voamos em direção a uma posição virtual chamada PERES, que é o ponto em que interceptamos a UW62, nossa aerovia. Aerovias são como estradas virtuais no céu. Elas estão repletas de pontos de posição como esse, reconhecidos pelos sistemas de navegação do nosso avião.

Ao passarmos pela altitude de dez mil pés, entramos em contato com a empresa para informar os horários de acionamento de motores e de decolagem. Liberamos os cintos de segurança para que nossos técnicos em segurança de voo, também conhecidos por comissários, possam iniciar o serviço de bordo. Os cintos são liberados somente nesse momento por dois motivos. Primeiro, porque é nesse momento que aceleramos para nossa velocidade final de subida, de até 300 nós (556 km/h). Para isso, o nariz do avião cede mais um pouco, o que facilita o movimento das pessoas pela cabine de passageiros. O segundo motivo é que, em dias de tempo bom, boa parte da turbulência fica abaixo dessa altitude. Portanto, é mais confortável e seguro para todos. De qualquer forma, os cintos devem permanecer afivelados sempre que você estiver sentado. Vale lembrar que, em dias de mau tempo, os cintos devem permanecer atados durante toda a viagem.

Senhoras e senhores, como podem perceber, o nariz do avião baixou mais um pouco, e os computadores de bordo reduziram a aceleração dos motores para a potência de cruzeiro. Acabamos de atingir nosso nível de cruzeiro de 35 mil pés. Isso equivale a 10.668 metros acima do nível do mar. Nossa velocidade é de 72% da velocidade do som. Por causa do vento favorável e dos efeitos da altitude, isso equivale a 800 km/h em relação ao solo. A temperatura do ar externo é de 45°C abaixo de zero. Contudo, a cabine está regulada em 24°C para maior conforto de todos. Em alguns minutos, iniciaremos nossa descida para o Galeão. Nosso copiloto já ouviu o ATIS, que é uma gravação atualizada sobre as condições do aeroporto. Portanto, posso dizer-lhes que o tempo é bom e a temperatura é de 28°C na cidade maravilhosa.

Também finalizamos os cálculos das velocidades e configurações adequadas para nossa aproximação e pouso. Inserimos essas informações nos computadores de bordo e estamos prontos para o início da descida. Fazemos uma breve discussão (ou *briefing*) sobre nosso procedimento de aproximação e pouso. Já em contato com o controle de aproximação do Rio de Janeiro, nossa descida é autorizada até 13 mil pés. Somos instruídos a seguir uma rota pré-definida de aproximação chamada STAR. Você pode perceber que o ruído do motor fica mais fraco agora, enquanto o nariz do avião aponta ligeiramente para baixo. Iniciamos nossa descida. A partir de agora, os motores ficarão em marcha lenta até cerca de dois minutos antes do pouso. Apesar de ainda estarmos a quase 200 quilômetros de nosso destino, nossas asas de alto desempenho permitem que praticamente planemos até lá. Como puderam observar até agora, em cada fase de nosso voo nós seguimos uma lista de verificações. Não é diferente agora.

Uma vez estabelecida a descida, é hora de aproveitarmos a baixa carga de trabalho para o contato por rádio com a base da empresa. É quando informamos o horário estimado de pouso e também se há necessidade de atendimento especial para algum passageiro, como menores que viajam desacompanhados, cadeiras de rodas, etc. Passamos pela altitude de dez mil pés. É a hora em que você ouve o famoso: *"Tripulação, preparar para o pouso"*. Iniciamos nossa primeira redução de velocidade, voltando para os 250 nós. Faltam aproximadamente dez minutos para o nosso pouso. Esse é um momento muito importante, pois é o aviso para que os comissários finalizem o serviço, verifiquem se todos os passageiros estão com seus cintos afivelados, poltrona na vertical e mesinha fechada e travada. Mas o trabalho ainda não está finalizado. Eles devem preparam a *galley* (cozinha), recolhendo qualquer objeto solto, travando os *trolleys* (carrinhos), fornos e gavetas. Finalmente, os próprios comissários também tomarão seus assentos específicos, afivelando seus cintos de segurança. A partir desse momento, como você pode ouvir pelo sistema de alto-falantes, não é permitido o uso de quaisquer equipamentos eletrônicos. Agora, vou ligar os avisos de apertar cintos.

Estamos quase chegando! É hora de configurar os instrumentos do avião para receber os sinais eletrônicos emitidos pela pista. É o famoso sistema ILS. Ele nos mostra a rampa ideal, bem como o alinhamento perfeito com a pista. Não será o caso hoje, mas em condições de baixa visibilidade, esse sistema permite até o pouso automático do avião. Os passageiros, principalmente aqueles sentados à direita, podem ver as cidades que fazem parte da área metropolitana do Rio de Janeiro. Nossa chegada geralmente sobrevoa uma antena aeronáutica chamada NOA. Reduzimos para 220 nós (407 km/h), enquanto sobrevoamos Nova Iguaçu. Curvamos à direita para ingressarmos na final da pista 15 do Galeão. A final é uma reta virtual, que se estende a partir da cabeceira da pista. Baixamos o trem de pouso e comandamos a primeira posição dos *flaps*.

O Rio de Janeiro tem uma topografia bem específica, com várias elevações. Por esse motivo, a descida para o Galeão é um pouco mais acentuada que em outras localidades. Isso pode causar um leve desconforto em alguns. Comandamos as próximas posições de *flaps* e passamos pela região de Duque de Caxias. Nessa posição, há mais uma antena, chamada de marcador externo. Os instrumentos da cabine acusam seu sobrevoo. Nesse momento, completamos nossa última lista de verificações, e já estamos totalmente prontos para o pouso. Em contato com a torre de controle do Galeão, obtemos nossa autorização de pouso.

O momento de desligar o piloto automático fica a critério de cada piloto, mas é comum ocorrer em torno de mil pés (305 metros) de altitude e a três quilômetros da cabeceira da pista. Os motores são reduzidos a cerca de cinco metros de altitude. O piloto que está conduzindo o voo manobra o avião para pousar na chamada zona de toque da pista. Sabemos que existe grande expectativa em relação ao pouso. É compreensível também que a maioria dos passageiros prefira um pouso suave em relação a um toque mais firme. Contudo, cada pouso é único. Em algumas situações, especialmente quando há forte vento lateral ou quando a pista está molhada, um pouso um pouco mais duro é preferível para que o pneu rompa a camada de água que possa estar sobre a pista, permitindo o contato do pneu com o pavimento, e possibilitando melhor atrito no pouso.

Imediatamente após o toque na pista, você ouve um ruído intenso dos motores. É o reverso atuando. O reverso é um dispositivo que inverte parte do fluxo de ar de exaustão dos motores, permitindo uma menor distância de parada. Além disso, você poderá observar que várias superfícies abrem-se sobre a asa. São os *spoilers*. Eles têm duas funções: a primeira é, literalmente, perturbar o fluxo de ar sobre a asa, destruindo a sustentação e permitindo que o peso do avião recaia sobre o trem de pouso e rodas; o efeito secundário é o grande arrasto aerodinâmico que geram, o que também auxilia na frenagem. Finalmente, falemos dos freios propriamente ditos. Cada roda dos trens de pouso principais possui um poderoso freio a disco. Esse sistema, que pode atuar automaticamente, é dotado de um antiblocante eletrônico, similar ao freio ABS dos automóveis. Atuando em conjunto, o reverso, os *spoilers* e os freios nas rodas permitem que o avião pare em pouco mais da metade do comprimento da pista, se necessário for.

Após o pouso, livramos a pista e prosseguimos em direção ao pátio de estacionamento. A torre nos transfere para o controle de solo, que nos orienta até nossa posição de parada. É importante que todos permaneçam sentados e com os cintos afivelados até a parada total do avião, e que os avisos de atar cintos estejam ligados. Isso visa sua própria segurança e dos demais passageiros. Simultaneamente, recolhemos as superfícies das asas e desligamos alguns sistemas da aeronave. Que tal uma lista de verificações? Continuamos o taxiamento e seguimos os sinais visuais do balizador, geralmente um mecânico da empresa, que indica o momento exato de parar o avião. Com o avião parado na posição correta, desligamos os motores. Somente com os calços devidamente colocado sob as rodas, desligamos o aviso de atar cintos e fazemos a locução: "*Tripulação, preparar para o desembarque*".

Você acabou de acompanhar mais ou menos o que ocorre em um voo normal. É claro que nem tudo foi falado e os termos muito técnicos também foram evitados. Contudo, os principais momentos de um voo de linha aérea foram listados. A rotina de cabine é essa em 99,99% dos voos. Algumas vezes, situações adversas podem ocorrer, é claro. Contudo, tenha a certeza de que você está a bordo de uma maravilha da engenharia moderna, conduzida por profissionais altamente qualificados e treinados para lidar com as mais diversas situações. Obrigado pela atenção e obrigado por voar comigo. Desejo a você uma ótima estadia no seu destino e aguardo ansiosamente seu retorno!

Capítulo 5

O medo de voar

O pavor que algumas pessoas sentem ao pensar em andar de avião é uma ansiedade fóbica. Elas apresentam reações diversas, desde sensações de mal-estar até a recusa total em embarcar. Elas acabam se sentindo reféns do medo e passam a viver aprisionadas, perdendo o gosto pela vida. De acordo com o grau de ansiedade, podemos dividir as pessoas em dois grupos. O primeiro grupo é composto por aquelas pessoas que se preocupam com o que pode ocorrer com elas mesmas ou com o avião. Essas pessoas entram no avião sentindo "frio na barriga", mas acabam fazendo suas viagens. Geralmente, recorrem a bebidas alcoólicas ou tranquilizantes. Nesse grupo, as pessoas conseguem conviver com o medo, não paralisam suas atividades e não evitam as viagens; seu principal problema não é o medo em si, mas o risco de potencialização que pode levar a pessoa ao segundo grupo, que é composto por pessoas que simplesmente se recusam a entrar no avião.

Os pacientes do segundo grupo enfrentam sérios inconvenientes que atingem até suas famílias, amigos e colegas, prejudicando as relações pessoais e o desempenho profissional. Os componentes desse grupo deixam de fazer viagens maravilhosas, perdem excelentes oportunidades profissionais, recusam promoções e, em muitos casos, perdem o emprego. Chamamos esse medo exacerbado de fobia de voo ou aerofobia. Essa fobia pode decorrer de várias causas, como o receio de mudanças, de coisas novas, de não poder exercer controle sobre o avião e também está associada à síndrome do pânico, à depressão, à claustrofobia ou à agorafobia. De carro, a pessoa detém certo controle sobre a viagem, podendo diminuir a velocidade, parar ou até mesmo sair. Dentro do avião, não há essa possibilidade. Felizmente, a aerofobia tem tratamento e cura. Se você pertence a esse grupo, saiba que não está sozinho, já que existem milhões de pessoas com o mesmo problema.

As pessoas portadoras de fobias específicas levam vida normal quando não estão em contato com a situação fóbica, como já foi falado. Se o aerofóbico não tem nenhuma perspectiva de viajar de avião, sua vida é normal e tranquila, mas se surge a necessidade ou a obrigação de ter de fazer uma viagem aérea, são imediatamente desencadeados os sintomas e o sofrimento antecipado. Por outro lado, os portadores de agorafobia desencadeiam a ansiedade quando se afastam daquilo que lhes oferece segurança ou sentem-se próximos de um estímulo fóbico, como frequentar locais em que há muitas pessoas, ficar fechado dentro do avião e também ficar longe de casa. Os agorafóbicos sentem-se perturbados numa situação em que é difícil conseguir ajuda ou que não possam fugir para um lugar considerado seguro. Tendem a sentir-se seguros em casa, embora isso não se aplique à totalidade dos casos. Quanto mais se distanciam de casa ou do local considerado seguro, mais desenvolvem a ansiedade, podendo entrar em pânico. Esse tipo de fobia faz com que a pessoa tenha também o medo de perder o controle ou de desmaiar, se não conseguir escapar.

Em uma determinada viagem de avião, um rapaz que estava sentado ao meu lado de repente pegou na minha mão, explicando que precisava segurar na mão de alguém quando andava de avião. Ele estava suando e me disse que se ele pudesse segurar na mão de alguém se sentiria menos ansioso. Algumas pessoas se apegam a objetos que parecem servir de apoio, como um carrinho de supermercado ou um guarda-chuva.

Para uma pessoa com medo excessivo, mesmo não existindo risco objetivo, a aflição é muito grande. A preocupação imaginária ou excessiva gera a ansiedade, que por sua vez vem acompanhada dos vários sintomas físicos do medo, como tensão muscular, espasmos e tremores, inquietação, fadiga, falta de ar, taquicardia, sudorese, secura da boca, tontura, náusea, diarreia, ondas de calor e arrepios de frio, micção frequente, dificuldade para engolir, nervosismo, dificuldade para se concentrar, insônia e irritabilidade. Os pensamentos associados à ansiedade nesse caso decorrem do fato de a pessoa fazer uma avaliação negativa e não ter capacidade de enfrentar o avião. A pessoa fica com receio de não conseguir permanecer dentro do avião e de seu próprio comportamento. Ela acaba tendo preocupações difusas.

Ansiedade por andar de avião

Existem dois tipos de aerofóbicos: os que chegam a ter ataques de pânico e os que não chegam a tê-los. Para termos sucesso no controle da ansiedade, temos de aprender a reconhecer seus primeiros sinais, que são classificados em três tipos: fisiológicos, comportamentais e cognitivos. Os fisiológicos são taquicardia, estômago virado, falta de ar, suor excessivo, tremores, tensão muscular, respiração acelerada, fraqueza ou tensão muscular, podendo ocorrer, inclusive, ataques de pânico. Os comportamentais são a fuga da situação e a imobilidade, em que a pessoa parece estar presa ao chão. Os sintomas cognitivos são os pensamentos catastróficos, a vergonha, o constrangimento, a raiva e o medo.

Para entender o que ocorre dentro de nosso organismo, podemos imaginar que nosso corpo é uma grande orquestra, que funciona em harmonia, com cada órgão fazendo seu papel no momento certo. Numa situação de ansiedade e tensão, toda essa harmonia é perdida, e cada órgão passa a funcionar em ritmos desencontrados, uns trabalhando muito e outros muito pouco. Quando nos livramos da situação que provoca a ansiedade, nossa orquestra volta a tocar afinada. É a situação de "segurança" que sentimos quando nos afastamos da causa da ansiedade ou quando aprendemos a lidar com ela. O primeiro passo para dominar a fobia é aprender a identificar esses primeiros sinais de ansiedade, para que possamos preservar essa harmonia.

Com o aerofóbico acontece um circulo vicioso permanente no organismo, no qual os sintomas realimentam a própria fobia (veja figura a seguir). O temor do avião aumenta e a esquiva impossibilita que o aerofóbico teste a validade de suas crenças, que se tornam cada vez mais reforçadoras. O fato de a pessoa evitar andar de avião faz com que a ansiedade seja mantida. Se ela não voltar a enfrentar o avião, não vai poder entender que não existe perigo na proporção que ela imagina e reduzir a ansiedade. A pessoa enxerga e percebe uma ameaça muito maior do que realmente existe. Não é só isso que mantém a ansiedade; existem também os pensamentos associados aos sintomas da ansiedade, como "não estou me sentindo bem, acho que vou desmaiar" ou aquele pensamento antecipatório como "acho que eu posso passar mal no avião", ou "não sinto confiança". Geralmente, os pensamentos são complexos.

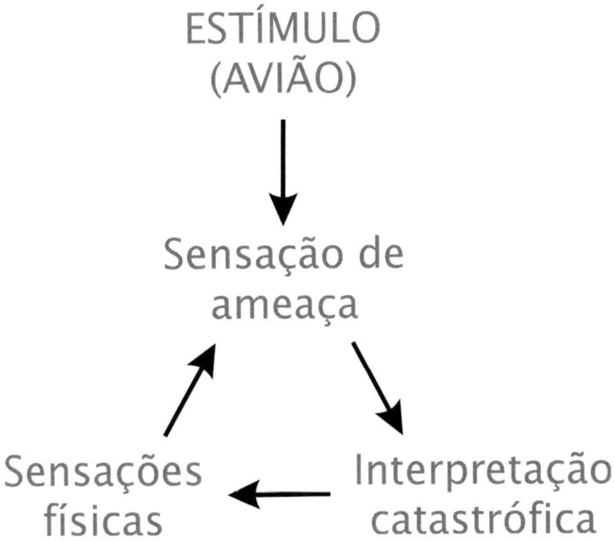

Pensamentos automáticos

Um pensamento aparece espontaneamente, sem você perceber. É chamado de pensamento automático. Os pensamentos automáticos são um fluxo de pensamentos mais manifestos (Beck, 1964), que são bastante breves, e a pessoa com frequência percebe mais a emoção que sente em decorrência do pensamento do que o pensamento em si. Com frequência aceitamos nossos pensamentos automáticos como verdadeiros, sem reflexão ou avaliação. Mas os pensamentos negativos não são específicos dos fóbicos. Há pessoas que têm uma tendência a ter pensamentos negativos no dia a dia, como: "Parece que tudo dá certo para o fulano, mas para mim nada dá certo, sou um azarado".

Temos sempre de estar atentos aos nossos pensamentos, porque eles podem nos trair. Temos sempre de anali-

sar se estão sendo verdadeiros e quanto estamos sofrendo com nossos pensamentos. Se conseguirmos transformar os pensamentos negativos em pensamentos positivos, é o ideal. O aerofóbico concentra-se em sua própria reação fisiológica e na percepção dos sintomas de ansiedade. Mas o círculo vicioso não para por aí. As fobias também podem ser mantidas por fatores externos, como, por exemplo, quando o marido sabe que a mulher morre de medo de andar de avião e, para poupá-la, viaja de carro ou de ônibus. As fobias são persistentes e, quando não são tratadas, dificilmente desaparecem.

Esse quadro é, em geral, associado à ansiedade antecipatória, na qual o aerofóbico distorce a situação de forma a antecipar o sofrimento, mesmo antes de a viagem acontecer. Ele a considera um perigo exagerado, e, portanto, sente-se incapaz de fazê-la. É muito importante que o paciente analise a situação, entenda o que realmente está acontecendo, as distorções que estão surgindo em seus pensamentos, e possa interromper a cadeia, questionando-as. Os pensamentos associados à ansiedade nesse caso decorrem do fato de a pessoa fazer uma avaliação negativa e não ter capacidade de enfrentar o avião. A pessoa fica com receio de não conseguir permanecer dentro do avião e de seu próprio comportamento. Ela acaba tendo preocupações difusas.

Diário de pensamentos

Para ajudar os pacientes a avaliar em seus pensamentos automáticos que provocam ansiedade e substituí-los por pensamentos mais adequados, é importante fazer um registro com data, hora, situação, pensamento e grau de ansiedade. Veja os exemplos a seguir:

Data e Hora	Situação	Emoções	Pensamentos automáticos
10/12 à 1 hora	Não consigo dormir	Ansiedade 80%	Não vou conseguir dormir porque amanhã vou viajar de avião
10/12 às 4 horas	Estou no sofá na frente da TV e não consigo dormir	Irritado 60%	Amanhã não vou conseguir embarcar

Algumas perguntas úteis para avaliar os pensamentos automáticos negativos são:

- Por que estou tendo esse pensamento?
- Não poderia olhar o problema de outra forma?
- Existe alguma outra explicação?
- Como outra pessoa reagiria na minha situação?
- Será que é viável alcançar o que estou querendo?
- Estou focado naquilo que senti ou naquilo que fiz?
- Será que não estou esquecendo fatos importantes ou me concentrando excessivamente em detalhes?
- Será que é mesmo tudo ou nada?
- Será que estou superestimando minha responsabilidade no caso ou o controle que tenho?
- E, se de fato acontecer, vai ser muito ruim?
- Será que não estou subestimando minha capacidade?
- Será que existe mesmo tanta probabilidade de acontecer?

Esses exemplos mostram cognições relacionadas à ansiedade. Mas, geralmente, os pacientes com ansiedade ficam também deprimidos, e uma das grandes vantagens da abordagem cognitiva é que as técnicas de tratamento são semelhantes para a depressão e para a ansiedade.

Capítulo 6

Como superar o medo de voar

A terapia para o medo de voar

Falamos dos medos, fobias e ansiedade com base naquilo que a ciência já conseguiu esclarecer. Uma das maneiras de tratar o medo de voar é por intermédio de terapia especializada com psicólogos, cujo tratamento tem suas bases e procedimentos na chamada psicologia comportamental cognitiva. Essa vertente da psicologia procura ajudar a pessoa a entender melhor a si mesma, seus problemas, e aos que estão ao seu redor. Ao entender claramente o que está acontecendo dentro de seus complexos processos mentais, e também com os sintomas físicos que a acometem, a pessoa começa a encontrar maneiras de enfrentar as dificuldades e melhorar sua situação. Aprendendo a diferenciar um padrão de pensamento deformado de um pensamento normal, e participando ativamente da discussão de tarefas comportamentais, os pacientes começam a entender e modificar seus pensamentos deformados e disfuncionais. As práticas clínicas acontecem geralmente em grupos, mas também individualmente, em hospitais, consultórios e outros ambientes de pesquisa.

Algumas partes do tratamento dão ênfase ao comportamento, outras aos pensamentos. Grande parte do tratamento baseia-se no "aqui e agora", ou seja, no que de fato está acontecendo, para ajudar os pacientes a promover as mudanças desejadas em suas vidas. O tratamento é, na realidade, um processo de aprendizagem que leva a mudanças no cotidiano fora da clínica. A solução de problemas constitui uma parte importante. Todos os aspectos da terapia são explicados ao paciente que, junto com os terapeutas, planeja as estratégicas para enfrentar os problemas identificados. A terapia tem objetivos claramente definidos e um prazo de tempo determinado para ser concluída.

Apesar de existirem diversas terapias para o tratamento dos transtornos de ansiedade, a combinação das terapias comportamental e cognitiva é a que proporciona os melhores resultados. Enquanto a terapia comportamental ajuda a pessoa a controlar comportamentos indesejáveis e a lidar com situações difíceis, com exposições graduais, a terapia cognitiva demonstra que as emoções são geradas por pensamentos que diferem de pessoa para pessoa. O foco principal é em relação à queixa atual do paciente no momento, sem uma preocupação muito grande com o passado ou com as causas do problema. Procura-se uma forma de ajudá-lo a mudar sua vida para melhor.

A gravidade da fobia pode ser avaliada pelo grau em que ela interfere na vida cotidiana do paciente, incluindo sua capacidade de trabalho e seus relacionamentos pessoais. É necessário saber o que a fobia impede de fazer e o que aconteceria se esse problema fosse eliminado. Já que a exposição gradual é a parte principal do tratamento, precisa-se saber detalhadamente como o paciente processa a evitação. Para isso, é necessário avaliar quais os fatores tornam uma determinada situação mais fácil ou mais difícil. Para uma pessoa claustrofóbica, por exemplo, pode-se perguntar o tamanho do box do banheiro, se existe ou não uma janela, etc. É preciso traçar um quadro bem nítido da evitação para depois formular os exercícios de exposição gradual. Fobias semelhantes podem produzir diferentes padrões de evitação. Por exemplo, enquanto uma determinada pessoa com aracnofobia (medo de aranha) evita a limpeza de armários, outra com o mesmo diagnóstico é especialmente cuidadosa com relação à limpeza da parte de baixo dos móveis.

No caso dos fóbicos sociais, o padrão de evitação é definido pelo significado pessoal da situação, e por isso não se consegue conseguir deduzir o que se passa em sua cabeça. Eles podem achar que estão sendo criticados e que nunca serão capazes de estabelecer relacionamentos íntimos. O aerofóbico concentra-se em sua própria reação fisiológica e na percepção dos sintomas de ansiedade. Os sintomas realimentam a própria fobia. O tratamento é feito por exposição gradual e requer que os pacientes repetidamente entrem em contato com aquilo que temem, e permaneçam em contato até que o medo comece a ceder, com auxílio da respiração diafragmática para reduzir a ansiedade.

Nos casos de medo de avião em que existe certa dificuldade de acesso ao objeto do medo, utiliza-se a exposição imaginária ou a dessensibilizaçao, na qual o paciente não se expõe à situação fóbica real, mas somente na imaginação. Antes de iniciar o tratamento, é feita uma avaliação para estabelecer a escala de importância de situações ameaçadoras. Estabelecer essa escala consiste em elaborar uma lista de estímulos relacionados com o objeto do medo, no caso o avião, ordenados de forma crescente segundo a quantidade de ansiedade que provocam. Por exemplo: pensar em estar na fila do *check-in*, pensar no momento em que a porta se fecha, pensar na decolagem, etc. Depois que a hierarquia é elaborada, começa a exposição imaginária. Nessa etapa, o paciente aprende a relaxar utilizando a técnica do Jacobson (descrita adiante). Em seguida, ele começa sua viagem virtual, vivenciando todos os detalhes da viagem, até habituar-se com a ansiedade. Essa técnica é complementada com a exposição ao vivo, com excelentes resultados.

A terapia de exposição ao vivo é gradual e repetitiva. É realizada por intermédio de tarefas práticas, definidas de maneira clara e objetiva. A exposição ao estímulo fóbico real também é feita de maneira gradual, na qual o paciente é levado ao aeroporto e passa por todas as etapas de uma viagem: arrumar as malas, ir para o aeroporto, fazer o *check-in*, etc., até que haja habituação, ou seja, que a ansiedade diminua. Se o paciente se sentir mal, ele é orientado a fazer respiração abdominal (descrita adiante). A exposição quebra os círculos viciosos que mantêm os sintomas e facilita o novo aprendizado. Ao enfrentar as coisas que temem, os pacientes reaprendem a lidar com elas e a sentir segurança para enfrentar as crises. O tratamento visa reduzir a ansiedade e o comportamento de fuga das situações causadoras do problema (evitação) ao expor sistematicamente os pacientes às situações temidas.

Os pacientes fóbicos têm uma tendência particular de perceber as situações de forma diferente das outras pessoas. Essa percepção distorcida faz com que as situações pareçam muito mais ameaçadoras do realmente são. Por isso, são orientados a fazer uma auto-observação de suas próprias reações fisiológicas e dos sintomas de ansiedade que passam a sentir. Evitar a viagem faz com que a pessoa não teste a validade da suas crenças, que gradativamente se tornam mais presentes. Esse quadro é típico da "ansiedade antecipatória", na qual o paciente imagina um grande perigo por antecipação e depois não se sente em condições de enfrentá-lo. O aerofóbico imagina a viagem como um perigo exagerado, e se sente incapaz de fazê-la.

Nesse caso, o terapeuta faz com que o paciente observe seus pensamentos e a forma como interpretou a situação. Ao observar a situação de outras formas diferentes e mais adequadas, ele pode fazer o que chamamos de *reestruturação do pensamento*. Na reestruturação do pensamento, o paciente aprende a identificar os pensamentos distorcidos, substituí-los por pensamentos acurados e mais objetivos, a modificar valores, crenças, cognições e/ou atitudes frente aos eventos fóbicos. Para tirar o paciente desse círculo vicioso, é preciso ensiná-lo a analisar a situação, enxergar e entender o que realmente está acontecendo em seu organismo, os sintomas que está sentindo (a química do medo) e as distorções que estão surgindo em seus pensamentos (os pensamentos catastróficos), para que possa interromper a corrente.

É importante usar, junto com a exposição gradual, as técnicas de relaxamento, a respiração abdominal, a distração e as respostas a pensamentos. Essas técnicas precisam ser praticadas e aplicadas sistematicamente e regularmente, se quisermos que sejam úteis. A maioria das fobias apresenta um grau de melhora com tratamento e, portanto, é recomendável que ele seja feito sempre que possível. As pessoas com depressão grave ou dependência de álcool em geral não conseguem se submeter às sugestões enquanto não tratam esses problemas. Aqueles com distúrbios de personalidade de longa duração apresentam outras dificuldades, como, por exemplo, motivação variável e excessiva dependência ou hostilidade em relação ao terapeuta, e por isso seu tratamento é mais demorado.

Tratamento com medicamentos

Os medicamentos não são muito úteis no tratamento das fobias. Os tranquilizantes provocam sonolência e letargia, e somente amenizam os sintomas. Uma vez que seu efeito cessa, a fobia retorna exatamente no nível anterior, guardando as mesmas características. Para a terapia funcionar, é necessário haver alguma ansiedade para que se faça com que o paciente aprenda a controlá-la. Caso a ansiedade fique bloqueada pelo medicamento, não se pode fazer o tratamento de extinção da ansiedade, e a fobia fica inalterada. Os antidepressivos parecem funcionar de forma um pouco melhor, suprimindo as respostas ansiosas sem sedar o paciente.

Aprendendo a relaxar

Usada em conjunto com a terapia ou isoladamente, o relaxamento é uma prática extremamente útil e eficaz nos casos de medo e ansiedade. O relaxamento é um procedimento que pode e deve ser utilizada tanto antes da situação estressante, quanto durante e depois. Para um relaxamento eficaz, é necessário entender e treinar suas técnicas com antecedência.

É um grande engano pensar que relaxar é fácil. É comum as pessoas falarem "relaxe", como se fosse fácil. Temos de praticar muito para conseguir um verdadeiro relaxamento, o que é muito difícil para algumas pessoas. A técnica de relaxamento (relaxamento progressivo) que vamos descrever passo a passo é um exercício que trabalha os principais grupos musculares do corpo, tensionando e relaxando de forma que você perceba e diferencie os músculos que estão tensos e os que estão relaxados.

Quando você dominar a técnica e aprender relaxar, com certeza terá muito mais habilidade para enfrentar as situações cotidianas que produzem tensão e ansiedade. Algumas pessoas colocam mais tensão que o necessário para a realização de uma determinada tarefa, o que acaba provocando um elevado estado de ansiedade, o mesmo que ocorre em uma situação específica na qual o sujeito experimenta ansiedade ou estresse, como no caso de voar.

Quando você começa a perceber a tensão e a controlar o relaxamento, você passa a dispor de uma ferramenta para bloquear o surgimento da ansiedade. Não é tão fácil relaxar exatamente no momento em que você precisa. Por isso, o relaxamento deve ser bem treinado anteriormente, pelo menos duas vezes por dia.

Os exercícios do relaxamento consistem em uma sequencia de exercícios de contração e distensão dos principais grupos musculares, proporcionando uma interação entre o aspecto fisiológico e psicológico (ausência de tensão e tranquilidade). A seguir, descrevemos algumas técnicas de relaxamento.

Relaxamento de Jacobson e Wolpe

Essa é a técnica mais utilizada atualmente pelos terapeutas. Foi desenvolvida pelo médico norte-americano Jacobson, em 1938, e modificada por Wolpe em 1958, psicólogo behaviorista nascido em Johanesburgo. Essa técnica de relaxamento faz você controlar suas sensações corporais diminuindo a ansiedade. O mais interessante é a segurança que a pessoa ganha quando percebe que é capaz de controlar os sintomas da ansiedade. Além disso, pode ter efeitos cognitivos mais amplos. Peveler e Johnston constataram, em 1976, que o relaxamento agiliza a quantidade de informações positivas na memória, e assim fica mais fácil encontrar alternativas para os pensamentos associados ao perigo.

Para iniciar o relaxamento, sente-se com as costas retas, pernas e braços separados e apoiados nos braços da cadeira ou soltos, de forma que forneçam uma adequada base de apoio para a coluna lombar e para a cabeça. Feche os olhos e deixe seus músculos à vontade. Relaxe-os o máximo que puder, usando toda a sua habilidade. Enquanto o resto de seu corpo continua a relaxar, tente criar tensão em seus braços, antebraços e pulsos, contraindo-os fortemente e forçando os pulsos de encontro ao tórax. Continue a respirar normalmente, enquanto contrai cada vez mais os pulsos e os braços. Procure sentir a tensão em seus pulsos e braços, enquanto o resto de seu corpo relaxa; apenas os pulsos e os braços vão se contraindo cada vez mais e mais fortemente.

Em seguida, deixe os pulsos e os braços se descontraírem lenta e completamente. Apenas faça a descontração e aprecie o relaxamento. Novamente, contraia seus pulsos e braços, sentindo a tensão concentrada neles, enquanto o resto de seu corpo relaxa. Deixe as mãos e os braços relaxarem cada vez mais, até que sinta todo o seu corpo relaxando. Depois, vire seus pés, dirigindo a ponta do dedão para fora, e vá contraindo as pernas, coxas e pés. Apenas volte a ponta do pé para fora e contraia cada vez mais os músculos das pernas, dos pés e das coxas, com força. Sinta a tensão que se forma. Estude a tensão de suas pernas, de seus pés e de suas coxas. Em seguida, faça o oposto da tensão e relaxe.

Deixe seus pés e suas pernas relaxarem completamente, tão completamente quanto possível, e aprecie o relaxamento. Note o contraste entre o relaxamento e a tensão de seus pés e suas pernas. Deixe quc o relaxamento prossiga lentamente e, em seguida, volte aos seus pés em direção ao seu rosto, criando assim uma nova tensão. Outra vez ainda procure se concentrar na tensão estudando-a. Relaxe seus pés e pernas. Deixe-os completamente à vontade, apenas se desligando deles. Continue a relaxá-los, mais e mais, sentindo uma profunda onda de relaxamento percorrendo todo seu corpo e espalhando-se por ele. Mesmo agora, que parece que você está completamente relaxado, tente ir mais longe ainda, relaxando mais profundamente.

Em seguida, concentre sua atenção nos músculos do pescoço, da cabeça e do rosto. Enquanto o resto de seu corpo descansa e relaxa, apenas pressione sua cabeça de encontro ao encosto do assento que você está. Perceba a tensão em seu pescoço e na parte de trás de sua cabeça. Estude essa tensão, e, na sequência, relaxe a cabeça e o pescoço. Deixe a tensão ir embora e relaxe completamente. Aprecie o relaxamento de seu pescoço e de sua cabeça, enquanto todo seu corpo relaxa cada vez mais e mais profundamente. Novamente, enquanto o resto de seu corpo relaxa, pressione a cabeça contra o encosto do assento que você está. Novamente, sinta a tensão em seu pescoço e em sua cabeça, sinta o contraste entre a tensão e o relaxamento. Pare novamente de pressionar a cabeça contra o encosto. Simplesmente interrompa a tensão e elimine-a completamente. Aprecie o relaxamento, deixando-o progredir cada vez mais.

Coloque-se perfeitamente à vontade e cada vez mais à vontade, relaxando mais e mais, atingindo a cada momento níveis mais profundos do relaxamento. Relaxando cada vez mais, remova quaisquer vestígios de tensão que existam em seu rosto. Feche os olhos com força, progressivamente cada vez com mais força, e sinta a tensão criada pela contração dos músculos da testa. Perceba essa tensão, estude-a. Depois, relaxe os olhos e descontraia a testa. Relaxe-os completamente. Mantenha seus olhos normalmente fechados, sem esforço, e relaxe mais e mais.

Outra vez, feche seus olhos e aperte-os. Sinta a tensão. Estude a tensão novamente e relaxe, sentindo seus olhos normalmente fechados, sem esforço. Aprecie o relaxamento. Agora você deve apenas apreciar o relaxamento espalhar-se livremente por todo o seu corpo. À medida que você ganha habilidade para relaxar, passa a controlar a tensão e o relaxamento de seus músculos, contraindo-os e relaxando quando e quanto quiser. Para atingir níveis mais profundos de relaxamento, faça uma respiração muito profunda. Segure a respiração e concentre a atenção na tensão que se forma em seu tórax. Exale completamente e relaxe. Relaxe, e depois volte a respirar normalmente. Sinta o relaxamento por todo o seu corpo, sinta-o livre.

Novamente, faça outra respiração profunda e segure-a um pouco, enquanto o resto de seu corpo relaxa. Apenas sinta a tensão que se forma, expire e solte toda tensão de seu corpo. Respire automaticamente e sinta as ondas de relaxamento confortáveis que percorrem todo o seu corpo. O relaxamento vai se tornando mais e mais profundo. Você agora está calmo, tranquilo, e cada vez mais à vontade. Imagine seu corpo sendo tomado cada vez mais de um profundo relaxamento.

Relaxamento simplificado de Rangé

A técnica de Bernard Rangé, mestre em psicologia e professor do Instituto de Psicologia da Universidade Federal do Rio de Janeiro (UFRJ), tem como objetivo o relaxamento rápido e profundo. Para fazê-la, retire todos os adereços de seu corpo e sente-se ou deite-se em uma posição agradável, usando roupas folgadas. Feche os olhos e comece a relaxar. Concentre-se em sua respiração. Encha completamente o pulmão de ar, depois expire, esvaziando o pulmão. Inspire profundamente de novo e depois expire lentamente. Repita o processo dez vezes.

Em seguida, enquanto você respira regular e calmamente, pense nos músculos em torno de seus olhos, nos músculos de seu queixo, e procure relaxar profundamente, cada vez mais. Você irá notar que, relaxando profundamente, os músculos de seu queixo se soltam e sua boca ficará entreaberta, o que é um bom sinal. Continue respirando regular e calmamente e observe como seus músculos continuam a relaxar cada vez mais. À medida que você respira regular e ritmicamente, o relaxamento continua, e os músculos dos ombros e dos braços relaxam cada vez mais. Deixe agora a sensação de relaxamento se espalhar por suas mãos até a ponta dos dedos. À medida que você relaxa mais e mais, respirando regular e calmamente, você começa a sentir os braços pesados, o corpo inteiro pesado... e, sentirá uma sensação de peso, uma sensação agradável de peso.

Procure então sentir os músculos de seu tórax, do abdômen, dos quadris e relaxe-os cada vez com mais profundidade, à medida que respira calma, regular e ritmicamente. A essa altura, você estará se sentindo muito relaxado e confortável, cada vez mais relaxado e confortável. Agora deixe essa sensação agradável de relaxamento se espalhar por suas coxas, por suas pernas, até a ponta dos dedos de seus pés. Você agora está bastante relaxado, sentindo-se bem, com o corpo pesado, cada vez mais relaxado e confortável, cada vez mais à vontade.

Deixe que essa sensação de relaxamento se espalhe por todo o seu corpo, enquanto você respira regular e calmamente, sentindo uma paz interior muito grande, uma sensação de tranquilidade. Você então estará muito calmo e relaxado enquanto respira regular e profundamente. Aproveite a oportunidade para desfrutar dessa sensação de calma e paz interior, sentindo-se maravilhosamente bem, enquanto respira regular e ritmicamente, enquanto se sente relaxado e repousado. Ao término desse exercício, você terá descoberto que pode relaxar sozinho, e verá que a cada repetição desse exercício irá atingir um nível mais profundo de relaxamento.

Relaxamento para pessoas ansiosas

Essa técnica desenvolvida pela doutora Marilda Emmanuel Novaes Lipp, PhD em psicologia pela PUC de Campinas, faz com que a pessoa reconheça e descreva para si mesma os sinais de ansiedade, como, por exemplo, tensão, mãos frias, sudorese, aperto no estômago, etc. Para começar, não tente fingir que não está ansioso. Identifique os pensamentos inadequados que geralmente acompanham as reações físicas e que podem servir de pista para ficar alerta e tentar eliminar a reação logo que ela se inicie.

Imagine a palavra *Pare!* escrita em uma tela muito grande, e tente parar de pensar no que o está preocupando. Se não conseguir identificar os pensamentos negativos, prossiga mesmo assim com o restante dos exercícios. Respire fundo enquanto tensiona todos os músculos e mantenha a tensão por 15 segundos mais ou menos. Expire pela boca enquanto relaxa todos os músculos de uma vez. Repita cinco vezes. Inspire tensionando os músculos, expire e relaxe todo o corpo. Repita mais cinco vezes. Tenha pensamentos positivos e cenas agradáveis para substituir os pensamentos ansiosos.

Relaxamento rápido de Goran

Essa técnica foi desenvolvida pelo doutor Ost Lars Goran, da Universidade de Estocolmo, em 1987. O objetivo do relaxamento rápido é reduzir muito o tempo despendido (20 a 30 segundos) para relaxar e proporcionar uma prática extensiva de relaxamento em situações naturais, que não sejam estressantes. Você deve escolher alguns sinais que podem ser usados para lembrar e relaxar em seu ambiente natural. Por exemplo, cada vez que olhar para o relógio, quando estiver prestes a fazer um telefonema, quando abrir o armário, quando for ao banheiro, etc.

Para aumentar a percepção desses sinais, muitas vezes é útil colocar um pequeno pedaço de fita adesiva colorida no objeto escolhido (relógio, telefone, etc.). Você deve fixar a meta de relaxar de 15 a 20 vezes ao dia em situações naturais, não estressantes. Quando relaxar, deverá seguir a instrução abaixo.

Respirar profundamente de uma a três vezes, expirando devagar após cada respiração. Pensar na palavra "relaxar" antes de cada expiração. Perscrutar o corpo à procura de tensões, e tentar relaxar o máximo possível na situação. Para manter o aprendizado do relaxamento, você deve desenvolver o hábito de perscrutar seu corpo à procura de tensão pelo menos uma vez por dia, e se alguma tensão for percebida, fazer uso do relaxamento rápido para removê-la, e também para praticar e não esquecer de sua habilidade de relaxar.

Aprendendo controlar a respiração

Quando estamos ansiosos, temos uma tendência a respirar muito rápido e de forma curta, fazendo o que chamamos de hiperventilação. É exatamente a hiperventilação que provoca a maior parte dos sintomas físicos da ansiedade, com tontura, taquicardia, etc. Para que isso não ocorra, temos de aprender a respirar de uma forma mais lenta e compassada. Só assim podemos exercer o controle dos sintomas da ansiedade. Além disso, a técnica de respiração induz ao relaxamento, reduzindo a ansiedade em geral, a tensão, e regulando a circulação e a pressão arterial.

O aprendizado para o correto controle da respiração pode tomar um tempo considerável e exigir muita prática. Temos de nos concentrar no ritmo de nossa respiração, avaliar a forma como estamos respirando, e a partir daí tentar respirar de forma lenta e prolongada. Tente seguir os passos a seguir.

Escolha um lugar tranquilo e quieto, em que possa sentar-se confortavelmente e esperar alguns minutos para se acalmar. Comece a contar suas expirações. Inspire em três segundos e depois expire em mais três. Não "tome ar", apenas respire devagar, leve e facilmente. Puxe o ar empurrando os músculos do abdômen para fora, contraindo-os para expirar. Para facilitar a desaceleração da respiração, faça uma pequena pausa após cada expiração. Esse exercício deve ser praticado regularmente, transformando-se na nova maneira de respirar. Não deixe de praticá-lo sempre, pois, quando estiver no meio de uma crise de ansiedade, provavelmente não conseguirá executá-lo de forma correta se não houver treinado antes.

Hipnose

Uma das ferramentas que estão sendo utilizadas atualmente para ajudar em casos especialmente persistentes de aerofobia é a hipnose. A palavra hipnose traz consigo uma figura misteriosa: um sujeito que balança um pêndulo para a frente e para trás, fazendo com que a pessoa entre em estado de sonolência, passando a obedecer aos pedidos do "mestre", não importando se o pedido é estranho ou imoral. Mas essa descrição popular tem pouca semelhança com o hipnotismo real; porém, de certa forma, ela foi perpetuada. Ao contrário da crendice popular, a hipnose não faz com que o hipnotizador possua poder sobre o hipnotizado, e que este passe a obedecer cegamente às suas ordens, não importando se o pedido é estranho ou imoral. Muito menos existe o risco de a pessoa ficar hipnotizada e não conseguir retornar. A hipnose atualmente se constitui numa técnica de interesse mundial nas ciências do comportamento e da medicina.

O que acontece, na realidade, é que a pessoa hipnotizada permanece plenamente consciente do que está acontecendo, e se mantém extremamente alerta. Além disso, não precisa "obedecer" o hipnotizador, podendo escolher entre o que está disposta a aceitar ou rejeitar. Segundo a doutora Betty Scott, professora de hipnoterapia clínica da Universidade do Missouri, EUA, *"a pessoa hipnotizada não está nunca em poder de outra. Ela não entrará em transe se não quiser. Não fará nada contra sua vontade, e não permanecerá em transe se quiser sair dele"*.

No século passado, nosso conhecimento sobre a hipnose avançou muito. Mesmo assim, continua envolvida em uma aura de mistério. Nas culturas antigas, a hipnose foi a forma primária de cura utilizada pelos sacerdotes. Não era usada nos termos formais de hoje, mas se valia de processos e procedimentos hipnóticos para a cura de dores e doenças. No Egito antigo, em 1.500 a.C., os sacerdotes induziam um certo tipo de estado hipnótico com finalidade de cura, conforme está escrito nos papiros de Ebers, uma coletânea de artigos escritos médicos, que descrevem como aliviar a dor e as doenças.

Mesmo refletindo e discutindo sobre a hipnose por tantos anos, até agora a ciência ainda não explicou totalmente como ela realmente funciona. Podemos observar o que uma pessoa faz quando está hipnotizada e os resultados obtidos, mas a razão pela qual age ainda não está inteiramente clara, já que são muitos ainda os segredos da mente humana. O que sabemos é que a hipnose é um estado de transe caracterizado por extrema influência externa, relaxamento e imaginação elevada, que ajudam a pessoa usar os imensos potenciais de sua mente para reformular sua visão da realidade. A pessoa poderá desenvolver sua memória e sua criatividade, eliminar os hábitos indesejáveis e transformar o nervosismo numa energia útil e produtiva.

A hipnose difere do sono porque a pessoa fica alerta o tempo todo. É mais parecido com o "sonhar acordado" ou com "viajar" em um livro ou filme. A pessoa fica completamente consciente, mas desliga a maioria dos estímulos ao seu redor. Fica muito focada no que está próximo, com atenção concentrada, sendo quase incapaz de ter qualquer outro pensamento. De alguma forma, todos nós praticamos a auto-hipnose. Por exemplo, quando estamos extremamente concentrados enquanto lemos, dirigimos, assistimos TV, perdendo um pouco a noção de tempo e espaço. É impossível estimar a extensão ou papel que as influências hipnóticas exercem em nossos pensamentos corriqueiros.

Quando estamos em estado de auto-hipnose assistindo a um filme, por exemplo, aquele mundo imaginário parece ser real, exacerbando nossas emoções. Situações imaginárias podem causar medo, tristeza ou alegria, influenciando o comportamento. Milton Erickson, o mais importante especialista em hipnose do século XX, recomendava que as pessoas se hipnotizassem diariamente. Hoje, a maioria dos trabalhos se concentram no estado de transe causado por relaxamento intencional e exercícios de concentração. Essa hipnose profunda é normalmente comparada ao estado mental de relaxamento entre a vigília e sono.

Noventa por cento das pessoas podem ser hipnotizadas. É imperativo que a pessoa esteja disposta a aceitar as sugestões. Na hipnose convencional, você se aproxima dos "comandos" do hipnotizador, ou de suas próprias ideias, como se fossem realidade. Se o hipnotizador sugerir que seu braço está pesado, você terá essa sensação de braço pesado e pode ter dificuldade para levantar o braço. Se ele disser que você está com medo, você ficará em pânico e começará a suar. Contudo, durante todo o tempo, você estará ciente de que tudo é imaginário, mas mesmo assim sentirá e agirá conforme o que o hipnotizador sugerir. As pessoas se sentem desinibidas e relaxadas. É provável que isso aconteça porque elas se libertam de suas inibições, como quando você está entretido assistindo um filme, e acaba se esquecendo do trabalho ou de pessoas importantes para você. A hipnose representa um estado de atenção concentrada. Espetáculos hipnóticos são interessantes e engraçados, porque as pessoas se sentem soltas, sem medo do ridículo, fazendo com que adultos reservados comecem a cantar no palco. Contudo, o senso de segurança e moralidade continua atuante durante todo o experimento. Tanto o hipnotizador como a pessoa hipnotizada podem pôr fim ao estado hipnótico quando quiserem. É tão simples quanto abrir os olhos.

A hipnose compreende uma ou mais formas intensas, coerentes e específicas de raciocinar que compreendem hipermnésia, amnésia, regressão de idade, progressão de idade, pseudo-orientação no futuro, alucinação positiva, anestesia, analgesia, hiperestesia, expansão e condensação da noção de tempo, signo-sinal, dissociação entre elementos, duplicação de sistemas de raciocínio, sugestão pré e pós-hipnótica, e outros. O chamado "transe" intensifica o aprendizado e o raciocínio lógico. O relaxamento provoca uma diminuição significativa de atividade, seja ela orgânica ou psíquica (do pensar). A psicoterapia é procurada por duas distintas razões, que podem acontecer ao mesmo tempo ou não: aprendizagens indesejáveis do passado e situações no presente sobre as quais não se desenvolveu uma forma de pensar que leve à solução.

Os pensamentos necessários à mudança são possíveis à medida que o diagnóstico for preciso. O aprendizado dependerá da postura que o terapeuta assumir, afirmando ou não os valores do paciente. Portanto, a intervenção é o processo de levar o paciente a pensar de determinada maneira e será tão melhor quanto mais estiver adaptada à realidade individual dele. Deve ser feita de forma estratégica, construindo passo a passo a forma de pensar que se deseja para a pessoa.

No tratamento da aerofobia, essa técnica contribui para que o indivíduo consiga descobrir e entender como seu corpo funciona, visualizando as raízes de seus males, e como ferramenta de controle de emoções. O uso da hipnose para casos especialmente persistentes de aerofobia é aprovado e regulamentado pelo Conselho Federal de Psicologia, pela Resolução n. 013/00, de 20 de dezembro de 2000, como recurso auxiliar de trabalho do psicólogo.

Capítulo 7

Atitudes para viajar com tranquilidade

O que gera estresse em uma pessoa é a forma de reagir a determinadas situações. Essa reação, por sua vez, depende de características pessoais, como temperamento e experiências passadas da pessoa. Os pensamentos que afetam a interpretação dos fatos potencialmente estressantes são mais importantes que os próprios fatos. Em outras palavras, não são os fatos em si que desencadeiam o estresse, mas a percepção que a pessoa tem da situação como um todo.

Os acontecimentos são interpretados por seu significado pessoal e circunstancial. O mesmo evento pode ser visto como uma catástrofe por uma pessoa, e como um simples aborrecimento por outra. Ao longo da vida, as pessoas passam por muitas situações que demandam a escolha de um comportamento entre vários. A escolha feita tem sempre uma consequência, e algumas são mais adaptativas e benéficas que outras.

Algumas atitudes que ajudam, em geral, as pessoas a ficarem mais tranquilas, desestressadas, e terem mais qualidade de vida:

- Praticar exercícios para consumir o excesso da energia liberada durante o estresse, pois ajuda a limpar a mente e a melhorar a autoimagem, e pode ser um simples passeio.

- Alimentar-se com qualidade para repor os nutrientes perdidos durante os períodos de estresse.
- Dormir em abundância.
- Diminuir o café e o açúcar.
- Fazer coisas que o façam sentir-se melhor consigo mesmo, como ajudar as pessoas, tratá-las bem e ser honesto.
- Brincar e relaxar. Iniciar um hobby pode ser uma ótima coisa, e nem pense em se sentir culpado em relação ao tempo que tomar para si mesmo; pense nisso como uma necessidade, como comida, água e ar.
- Ler um bom livro, ouvir música.
- Rir bastante. Alugar filmes bobos para assistir com amigos.
- Fazer amigos e cultivar o afeto nos relacionamentos.
- Escutar de fato as pessoas, pois ela podem ter coisas importantes a lhe dizer, coisas que você não sabe.
- Gerenciar seu dia, fazendo uma coisa de cada vez. Faça uma lista e defina prioridades, e torne-se uma pessoa organizada.
- Aceitar seus limites. Você não é um super-herói; portanto, saiba parar quando estiver indo além do limite.
- Aceitar tudo o que não pode controlar ou mudar.
- Não tentar ser perfeito.
- Não permitir interrupções quando estiver resolvendo um assunto importante. Faça uma coisa de cada vez.
- Não viver se sentindo culpado
- Cuidar de si mesmo; quem não consegue cuidar de si não conseguirá cuidar de outra pessoa
- Manter seus pensamentos no presente.
- Manter pensamentos positivos. Quando perceber que está pensando negativamente, pare e concentre-se no positivo.

- Ocupar sua mente com algo construtivo como ler, jogar ou conversar.
- Verificar se está se estressando com situações imaginárias, que já passaram ou que não aconteceram ainda, e que talvez nem aconteçam. Tente se concentrar no presente e na realidade.
- Estar atento aos sinais de seu corpo. Quando sentir seus músculos tensos, relaxe. Enrijeça e relaxe pausadamente seus músculos, assumindo o controle do processo. Você ficará surpreso com a forma como os músculos obedecem. O relaxamento reduz a tensão mental e física que acompanha o estresse.
- Respirar lenta e profundamente. Para acalmar, primeiro dilate o abdômen empurrando-o para fora. Inspire profundamente pelo nariz, tentando encher seus pulmões de baixo para cima. Faça uma pausa e, em seguida, expire lentamente. Faça isso algumas vezes e você vai se sentir muito melhor.
- Imaginar uma viagem de férias. Imagine uma cidade maravilhosa, pacífica, talvez um local em que já tenha passado as férias. Pense no que você vai ver, ouvir, cheirar, sentir e degustar quando estiver lá. Descreva suas férias para si mesmo, vendo as ondas do mar, ouvindo as gaivotas, sentindo o cheiro de bronzeador, uma brisa morna na pele. Feche os olhos e imagine isso. Tente viver cada sensação.
- Anotar seus medos e procurar pensar no que poderia ser a causa-raiz. O ato de expressar a causa de seu medo em palavras sobre um papel afeta seu apaziguamento. Crie uma tarefa para sua mente, exceto sentir medo. Você vai se sentir no controle.
- Falar de seus temores com os outros é algo que ajuda muito. Você se surpreenderá com a quantidade de pessoas que compartilham seu medo e precisam também de ajuda.

Dicas para antes e durante o voo

É comum, dias antes do voo, as pessoas sentirem um pouco de ansiedade. Para melhorar essa situação, temos de evitar pensar no voo. Tente pensar no que vai acontecer quando chegar ao seu destino: férias, lazer, visita a algum parente ou negócios.

Antes da viagem

Se você sentir muita ansiedade, peça para algum amigo ou familiar acompanhá-lo na viagem. Faça algum dos relaxamentos descritos anteriormente. O relaxamento vai facilitar que você durma na noite anterior. Quando a ansiedade começar, faça a respiração abdominal descrita. Quando você respira lentamente e com controle, a ansiedade diminui.

Fique informado sobre aspectos técnicos da aviação para se familiarizar com as aeronaves. Informe-se sobre o funcionamento da aeronave e a preparação dos profissionais que a comandam. Conheça todos os passos desde o momento em que você vai para o aeroporto, faz o *check-in*, entra na sala de embarque, senta na cadeira do avião, etc.

Procure deixar suas malas prontas e fechadas no dia anterior. Leve máquina fotográfica, câmera e *laptop* em sua bagagem de mão. Vá para a cama mais cedo e coloque dois despertadores para não perder o sono com medo de não acordar na hora. Acorde e levante mais cedo para não sair apressado.

Compre ou leve um livro interessante e revistas agradáveis para ler, e palavras cruzadas para fazer no avião. Não se afobe, faça as coisas de modo tranquilo, você tem tempo.

Use roupas leves e confortáveis, evite joias e metais, para não tocar o detetor de metais. Viaje sempre com meias para ficar descalço no avião. Tome um café da manhã leve e evite cafeína e frutas ácidas. Beba bastante água, hidrate-se sempre, mas evite bebidas gaseificadas. Um copo de água ou suco a cada hora é suficiente.

No aeroporto

Vá para o aeroporto mais cedo, para se familiarizar com o ambiente e com a situação. A pressa só vai aumentar sua ansiedade. No aeroporto, vá para a fila do *check-in* mais cedo, assim você fica livre de suas malas.

Caminhe bastante no aeroporto, procure seu portão de embarque, visite as lojas, livrarias (se ainda não comprou seu livro ou revista, é uma ótima oportunidade), passe no bar para comprar um chiclete (bom para não ficar com o "ouvido tampado" na decolagem e no pouso), não beba álcool; aliás, tenha cautela com o álcool já que ele não vai resolver seu problema; se beber, beba com moderação, pois o efeito do álcool em voos é potencializado, aumentando a chance de ficar embriagado ou ter enjoo.

Quando chegar à sala de embarque, procure ficar olhando os aviões pousarem ou decolarem. Na sala de embarque ainda, leia alguma revista divertida, pense no que você pode perguntar para o piloto, olhe para as pessoas que estão felizes. Respire novamente (aquela respiração abdominal). Se você tiver algum sintoma desagradável, pense: "Isso vai passar". Aceite e enfrente seu medo, não esqueça de que o avião é o meio de transporte mais seguro que existe. Jamais tome medicamentos por conta própria. Caso não consiga controlar o medo, consulte um especialista antes da viagem. Ele é quem tem a melhor condição de lhe receitar um tranquilizante. E leve sempre os medicamentos na bagagem de mão.

Dentro do avião

Na hora do embarque, dirija-se tranquilamente para o avião. Quando chegar ao interior do avião, fale com as comissárias que você tem um pouco de receio de voar. Peça a um dos assistentes de bordo que lhe fale sobre o avião e sobre o voo. Essa conversa irá acalmar qualquer sentimento de insegurança. Faça perguntas sobre o que você quer saber para os pilotos. Eles adoram que você vá até a cabine para ver todos os seus equipamentos (visitas à cabine do piloto só podem ser feita em terra com o avião parado). Procure sua cadeira, guarde sua bagagem de mão no maleiro e aceite ficar sentado. Relaxe, olhe pela janela para se distrair ou para as pessoas que estão embarcando. Se tiver alguém sentado ao seu lado, apresente-se. Mencione seu medo. Essa é uma oportunidade para você conhecer uma pessoa nova.

Na hora da decolagem, faça novamente a respiração abdominal e solte os ombros. Durante o voo, para se distrair, ocupe a sua mente, leia um livro ou revista interessante, fale com seu vizinho ou com outra pessoa, ouça músicas, faça palavras cruzadas, use seu computador, veja um filme, coma algumas guloseimas.

Fique um pouco em pé para esticar as pernas, sempre obedecendo aos sinais de atar cintos, quando necessário. Estique as pernas, movimente os pés. Passeie pelo avião, vá ao banheiro. Tudo isso ajuda a amenizar os sintomas desagradáveis.

Desfrute o serviço de bordo! Recline sua poltrona e aproveite para dar uma cochilada. Respire corretamente, ou seja, lentamente, de forma controlada. A respiração também influencia o estado de tensão do seu corpo e ajuda a relaxar o corpo e acalmar a mente. Para ficar mais tranquilo, vale rezar, falar mantras ou tentar se distrair. Não preste atenção aos sintomas desagradáveis que possa estar sentindo durante o voo. Foque sua atenção em outras coisas.

Quando ouvir barulhos estranhos ou turbulências, perceba-os como naturais. Não cultive ideias catastróficas apenas porque o avião balançou numa turbulência. Caso se sinta inseguro, converse com o comissário. Substitua os pensamentos negativos e catastróficos por ideias positivas, racionais e adequadas à realidade. Você logo chegará ao seu destino com segurança e desfrutará de sua viagem. Aproveite!

Capítulo 8

Depoimentos

Os depoimentos abaixo foram relatados a mim em meu consultório, durante terapias e consultas. Os nomes dos depoentes, entretanto, são fictícios, para manter sua privacidade.

Sandra, 35 anos, executiva de vendas

Sandra tinha sido promovida na empresa em que trabalha e agora precisava fazer constantes viagens a trabalho. Para não ter de passar por seus já familiares sofrimentos, evitava o avião e viajava de carro ou de ônibus, às vezes durante a noite inteira, demorando muito mais para chegar ao seu destino, correndo muito mais riscos que no avião, e se cansando muito mais que o necessário.

> Meu desespero começa dias antes do embarque. O pavor é tão grande que, só de me imaginar dentro de um avião, meu coração acelera, a respiração fica ofegante, e minhas mãos suam. No *check-in*, minhas mãos ficam trêmulas e frias, as pernas mal conseguem sustentar meu corpo. Quando consigo embarcar, esses sintomas

aumentam de intensidade, e meu pensamento fica fixo na possibilidade de um acidente e na aflição de não ter controle da situação. O pior é na decolagem, porque o avião faz muito barulho, e qualquer variação no barulho causado pelas turbinas do avião ou qualquer expressão diferente de um comissário parece ser o prenúncio de uma catástrofe. Nessa hora eu rezo e choro, mesmo tendo tomado calmante e bebidas alcoólicas.

O que a Sandra sente não é exatamente medo, mas uma enorme ansiedade. Sandra começa a passar mal no momento em que decide viajar de avião, muito antes da viagem ser efetivamente realizada. Para ela, voar é uma ameaça, e se sente incapaz de enfrentar ou mesmo de exercer o controle que desejaria. Seu pensamento fixo de que "o avião vai cair" passa a ser real em sua imaginação. Ela começa a montar um diálogo interno negativo, formando uma cadeia de informações distorcidas, na qual ela realmente começa acreditar. Quando o avião, em seus procedimentos normais, emite sons diferenciados nas turbinas ou no trem de pouso, ela acaba ficando atormentada, encarando aquilo como uma confirmação de seu pensamento.

Com a terapia, Sandra aprendeu a controlar a ansiedade, que começou a diminuir, e ela acabou aceitando-a. Isso pode parecer uma incoerência, mas é exatamente o que devemos fazer. Sandra deu até um nome para sua nova amiga, a ansiedade, e passou a aceitar as sensações em seu corpo, decidida a não lutar mais contra ela, mas sim a favor. Deixou os sintomas fluírem, percebendo que, se resistisse, estaria prolongando e intensificando seu desconforto. Sandra passou então a encarar a situação de forma natural. Mesmo que em alguns momentos se sentisse mal por ouvir barulhos estranhos na turbina, tentava mudar seu pensamento, observando as outras pessoas e questionando o fato de que, se todos estavam tranquilos, por que ela também não poderia ficar?

Ela passou a não se desesperar, e sabia que sua ansiedade baixava no momento em que começava a respirar

devagar liberando o ar dos pulmões calmamente, inspirando pouco ar pelo nariz e expirando longa e suavemente pela boca, até descobrir seu ritmo ideal de respiração. Também começou a prestar mais atenção à sua vizinha de poltrona, ler uma revista, a apreciar mais o lanche, observar quem serviu o lanche, enfim, passou a se distrair e a não se concentrar fixamente no que estava sentindo. Em alguns momentos, os pensamento automáticos e catastróficos reapareciam: *"E se o motor do avião cair?"*. Sandra aprendeu a reformular seus pensamentos, dizendo para si mesma: "*Eu sei que esses pensamentos catastróficos não acontecem, já passei por isso muitas vezes, e nunca aconteceu nada do que eu pensei*" e "*Esses pensamentos não têm fundamento, eu estou apenas ansiosa; isso é desagradável, mas não é perigoso*". Finalmente, Sandra podia sorrir por ter conseguido superar a crise. Se os diálogos internos forem positivos, podem elevar nossa autoestima, fazendo com que nossos sentimentos sejam de satisfação e felicidade, e produzindo uma reação de conforto. É importante entender que "tudo o que pensamos, sentimos". Nossos pensamentos influenciam nossas emoções e nosso comportamento.

Antonio, 42 anos, engenheiro

Minha viagem começa no bar do aeroporto e continua no serviço de bordo. Tomo tanto chope e cerveja para criar coragem antes de embarcar que, uma vez, viajando em um avião pequeno, fiquei com tanta vontade de urinar que tive dores no corpo todo e a sensação de que a bexiga iria estourar. Quando o avião, enfim, fez uma escala, fiquei 15 minutos no banheiro, e quase perdi a continuação do voo.

Marina, 31 anos, arquiteta

Eu tenho medo de voar desde que me conheço por gente, mesmo nunca tendo me acontecido nada. Tenho quase certeza de que herdei esse medo da minha mãe. Já voei de avião sim, há dez anos. Tenho medo de que o avião caia, ou exploda, e eu morra. Já perdi oportunidades sim, duas vezes, no meu trabalho. Imagino que o avião vai cair e que vai ser aquela agonia, desespero, de saber que vou morrer. Quando andei, fiquei normal, sem nenhuma reação "diferente". Nessa vez em que eu andei, eu coloquei na minha cabeça que eu ia e pronto, e fui, mas nas outras oportunidades eu não consegui superar. Minha chefe me disse que eu teria de ir até Itatinga, mas nas duas vezes me deu um desespero enorme, eu não parava de chorar, só tinha pensamentos catastróficos que vinham na minha cabeça, não conseguia comer, dormir, trabalhar, até que minha chefe me dispensou e me disse para procurar um tratamento.

Nelson, 28 anos, analista de TI

Tenho medo de avião desde sempre, mesmo antes de entrar em um avião. Já voei várias vezes, mas o medo não diminui. Já perdi várias oportunidades. Deixei de conhecer lugares e perdi empregos. Eu tenho medo de o avião cair e eu morrer. Dentro do avião fico com uma tensão absoluta. Tenho um medo enorme e paralisante. Para vencer o medo, já tentei ler muito a respeito e agora estou no programa medo de voar, fazendo terapia.

Patrícia, 29 anos, gerente de marketing

Minha primeira viagem de avião foi a trabalho, e eu fiquei feliz porque foi uma oportunidade de andar de avião pela primeira vez. As primeiras vezes foram tranquilas, mas uma vez tive de ir a Ribeirão Preto num avião pequeno e ele balançou demais. A partir daí comecei a ficar mais apreensiva, mas ainda assim eu ia. Cheguei a ir para a República Dominicana visitar uma amiga muito querida, foram oito horas de viagem. Uma vez, tive de ir Rio de Janeiro à trabalho, e foi a primeira vez que tive um mal-estar. Quando eu estava no avião, comecei a me sentir sufocada, com o coração acelerado, um mal-estar. A porta do avião já havia se fechado e eu pedi para a comissária abrir a porta porque eu queria descer. Foi a minha primeira crise. Depois dessa vez, precisei ir à Argentina duas vezes a trabalho, e não consegui. Fiquei muito nervosa e disse para a minha chefe que não poderia ir. O mês passado fui a Salvador, de avião, em férias. Senti muito medo, fui com uma amiga, abraçada a ela e segurando sua mão. O momento de esperar o avião fechar a porta e decolar é o pior momento para mim. Meu medo é passar mal e não ter como sair do avião. Eu não consigo controlar meu mal-estar. Sempre tenho oportunidade de viajar, mas evito.

Luíza, 24 anos, publicitária

Sempre tive pouco medo, desde sempre. Muito medo passei a ter há um ano. Já voei de avião, mas tenho medo de acidentes, já perdi uma viagem e metade do que eu tinha pago. Eu imagino que pode acontecer um desastre na decolagem ou na aterrissagem. Depois que tive a crise, não viajei mais. Para tentar vencer o medo, já tentei homeopatia, acupuntura e agora estou começando o programa medo de avião, com a Elvira. Meu medo começa semanas antes da viagem e, no dia anterior, eu surto, tremo e choro durante horas. Hoje, estou aprendendo a não sofrer por antecipação, a viver o momento e a lembrar que nada de mal está acontecendo no instante em que estou vivendo.

Eduardo, 48 anos, médico

Meu medo de avião é que ele não consiga levantar voo até o final da pista, e, quando já está voando, meu medo é que quebre alguma coisa como a turbina, motor, etc. Já perdi algumas oportunidades por causa desse medo, como encontros de família, passeios e a última foi um passeio aos Estados Unidos, motivo principal de eu decidir procurar ajuda.

Alberto, 33 anos, engenheiro florestal

Meu medo de avião começou na adolescência em uma viagem para o Nordeste. Minhas experiências de voar já foram das mais variadas, desde me manter relativamente tranquilo, até muito nervoso no momento da decolagem. Nunca perdi oportunidades por causa do medo de voar. Não acredito que o avião possa cair, tenho consciência de que é um transporte muito seguro. Acho que meu medo vem da claustrofobia e da falta de controle.

Robson, 30 anos, designer

Por não ter o controle do veículo, sinto-me inseguro, achando que posso morrer e deixar tudo que gosto e a vida de que gosto tanto. Eu tenho medo do balanço do avião, da turbulência. Eu sei e creio em Deus que ele não me enviou para esse programa para vencer o medo de voar por acaso. Eu tinha medo de viajar de avião em vários sentidos: a turbulência, o tempo de voo, os calafrios... Sempre tive medo de altura, mas comecei a ter medo de voar exatamente na primeira vez que voei. Sinto calafrios, suor, principalmente quando tem turbulência. Só viajo com tranquilizantes. Já deixei de viajar por medo e isso vem se agravando.

Jaqueline, 27 anos, contadora

Eu tenho muito medo na decolagem, medo de que o avião não consiga levantar até o final da pista. Durante o voo, tenho medo de problemas mecânicos que não possam ser resolvidos durante a viagem. Meu tormento começa dias antes do embarque. O pavor é tão grande que só de me imaginar dentro de um avião, meu coração acelera, a respiração fica ofegante, e minhas mãos suam. No *check-in*, minhas mãos ficam trêmulas e frias, as pernas mal conseguem sustentar meu corpo. Quando consigo embarcar, meu pensamento fica fixo na possibilidade de um acidente e na aflição de não ter controle da situação.

Conclusão

A cura da aerofobia, bem como de outras fobias correlatas, depende de nossa preparação e disposição para nos expormos à sua causa. Assim como uma vacina que é fabricada do próprio veneno, a exposição controlada diminui e elimina a ansiedade. Simplesmente deixando de viajar, você não irá nunca quebrar o círculo vicioso que mantém a fobia. Por outro lado, se estiver convencido de que andar de avião não é perigoso e souber como enfrentar a ansiedade, eliminará os comportamentos de fuga ou esquiva. Você estará adquirindo uma forma nova de se comportar e de lidar com a ansiedade de maneira efetiva.

Sabemos que os acidentes aéreos ajudam a intensificar o medo coletivo de voar, principalmente em circunstâncias como a do acidente com o avião da Air France que aconteceu em junho de 2009 sobre o oceano Atlântico. Há sempre uma superexposição do assunto na mídia, um excesso de informações, que obrigam as pessoas a se imaginarem dentro do avião naquele momento. Mesmo pessoas que viajam com frequência e que não sofrem de fobia de voar começam a se questionar. Os que já se sentiam incomodados acabam se recusando a voar por um período, e muitos cancelam as viagens com a família. Somente embarcam aqueles que realmente têm necessidade.

Para a maioria, entretanto, esse medo tende a desaparecer com o passar do tempo. Apesar de lamentarmos profundamente quando ocorre um acidente aéreo, ainda assim o nível de segurança de andar de avião continua o mesmo. O número de acidentes aéreos é muito baixo e continua a ser baixo. Muitos milhares ou milhões de pessoas morrem em acidentes de carro ou motocicletas no intervalo entre um e outro acidente de avião. Evitar andar de avião diminui a ansiedade naquele momento, mas aumenta o medo. Não aconselho ninguém a ficar acorrentado e deixar de fazer suas viagens, e sim ter atitudes positivas para enfrentar e superar as incertezas da vida. A vida, na verdade, é um risco constante, e dela, de fato, não possuímos o controle. Mas nem por isso vamos ficar acuados em um canto e sim aproveitar a maravilhosa e emocionante aventura que é viver.

Minha maior realização profissional é receber o retorno de um paciente que se diz maravilhado com a cura ou com a melhora obtida de uma fobia. Ao mesmo tempo, penso nas milhões ou bilhões de pessoas que poderiam ter uma qualidade de vida muito superior em todo o mundo simplesmente por aprender como controlar a ansiedade. É isso que me incentivou a escrever este livro: demonstrar que existe possibilidade real e acessível de cura para o medo de voar e para outras fobias. Espero que seja para você um incentivo para viver melhor, mais feliz e mais tranquilo.

Referências bibliográficas

AMERICAN Psychiatric Association. *Manual diagnóstico e estatístico de transtornos mentais*. Porto Alegre: Editora Artmed, 2002.

BARLOW, David H. *Manual clínico dos transtornos psicológicos*. Porto Alegre: Editora Artmed, 1999.

BARROS NETO, Tito Paes de. *Sem medo de ter medo*. São Paulo: Casa do Psicólogo, 2000.

BECK, Judith S. *Terapia cognitiva: teoria e prática*. Porto Alegre: Editora Artmed, 1997.

CABALLO, Vicente E. *Manual de técnicas de terapia e modificação do comportamento*. São Paulo: Editora Santos, 1999.

CATANIA, A. Charles. *Aprendizagem: comportamento, linguagem e cognição*. Porto Alegre: Editora Artmed, 1999.

CAPRIO, Frank; BERGER, Joseph R. *Curando-se com a auto-hipnose*. São Paulo: Editora Pensamento, 2004.

DAMÁSIO, Antonio. *O erro de Descartes: emoção, razão e o cérebro humano*. São Paulo: Companhia das Letras, 1996.

DEL PRETTE, Almir; DEL PRETTE, Ilda A.P. *Psicologia das relações interpessoais: vivências para o trabalho em grupo*. Rio de Janeiro: Editora Vozes, 2001.

FERREIRA, Marlus Vinicius Costa. *Hipnose na prática clínica*. São Paulo: Editora Atheneu, 2006.

HAWTON, K.; SALKOVSKIS, P.M.; KIRK, J.; CLARK, D.M. *Terapia cognitivo-comportamental para problemas psiquiátricos: um guia prático*. São Paulo: Editora Martins Fontes, 1997.

ITO, Lígia M. *Terapia cognitivo-comportamental para transtornos psiquiátricos*. Porto Alegre: Editora Artmed, 1998.

KERBAUY, Rachel Rodrigues et al. *Sobre comportamento e cognição*. Santo André: Arbytes, 2000.

LeDOUX, Joseh. *Cérebro emocional*. Rio de Janeiro: Editora Objetiva, 1998.

LIPP, Marilda Novaes. *Relaxamento para todos: controle o seu stress*. Campinas:Editora Papirus, 1997.

________. *O stress está dentro de você*. São Paulo: Editora Contexto, 2000.

RANGÉ, Bernard. *Psicoterapia comportamental e cognitiva de transtornos psiquiátricos*. Campinas: Editoral Psy, 1995.

________. *Psicoterapias cognitivo-comportamentais*. Porto Alegre: Editora Artmed, 2001.

SHINYASHIKI, Roberto. *Amar pode dar certo*. São Paulo: Editora Gente, 1988.

WOLPE, J. *Prática da terapia comportamental*. São Paulo: Editora Brasiliense, 1978.